湛庐 CHEERS

与最聪明的人共同进化

HERE COMES EVERYBODY

[日]
佐藤亮子 著
蔡鸣雁 译

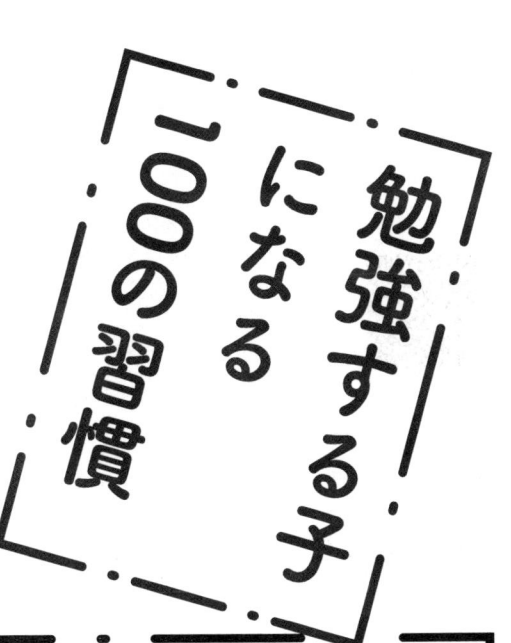

勉強する子になる100の習慣

「日积月累
就是最硬核的
养育」

中国纺织出版社有限公司

你知道如何培养孩子良好的学习习惯吗?

扫码激活这本书
获取你的专属福利

扫码获取全部测试题及答案，
把学习这件事渗透到孩子的
日常生活。

- 当孩子迟迟不开始学习时，如何让孩子真正进入学习状态？

  A. 不干涉，让孩子拖到不能再拖时自觉去学习

  B. 催促孩子"赶紧去学习"

  C. 逼迫孩子坐在书桌前拿起笔

  D. 用数字帮孩子量化学习任务，分解学习目标

- 孩子努力了但成绩没有提高，对孩子说"只要努力学了就好"，这样对吗？

  A. 非常对

  B. 不太对

- 父母希望知道孩子在想什么，直接问孩子："你在想什么？"这样能达到目的吗？

  A. 能

  B. 不能

扫描左侧二维码查看本书更多测试题

前言

享受18年养育生活的每一天

几乎所有的父母都热衷于培养孩子的能动性、专注力和内驱力,却往往孩子的表现与父母的期望南辕北辙。父母着急就会呵责孩子,如此非但不能让孩子接受自己的教育方法,还可能破坏亲子关系。那么,究竟采取什么样的方式引导孩子才真正有效呢?

本书将父母关心的养育问题分为"如何高效辅导,培养孩子的学习能力""如何智慧沟通,调动孩子的积极性""如何提供支持,让孩子拥有底气""如何巧妙引导,让孩子学会自我管理"四个主题,并分别进行针对性的解答。

日积月累
就是最硬核的养育

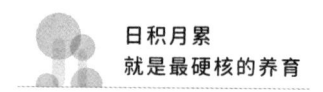

　　成绩的好坏是判断孩子的学习生涯合格与否的标准，然而在孩子的一生中，学习生涯之后的人生之路更为漫长，所以就产生了一个极其重要的问题：为了让孩子拥有自己满意的人生，父母应该如何看待孩子的考试成绩呢？在孩子面对学习生涯的重要节点时，父母该展现什么样的态度，又该对孩子说些什么呢？这些问题都是对父母的心灵拷问。虽然照顾孩子任务繁重，但这既是为人父母的必经之路，也是客观审视"人"这一生物的绝好机会。

　　从孩子呱呱坠地那一刻起，父母就要想方设法地把这个有缘在自己身边降生的孩子养育成才，并送入社会，这个过程任重道远。养育孩子的诀窍是营造环境，但到底什么样的环境才称得上最佳呢？每个家庭都必须找到各自最匹配的养育模式，然而这个养育模式不可能一下子被找到，父母需要不断摸索尝试。如今的社会已步入高度信息化时代，父母可以通过网络即时获取全世界的各种养育方法，可是这些信息鱼龙混杂，父母需要从中筛选出适合自己的养育方法。此外，父母还必须呵护孩子的健康，所以养育孩子着实不轻松。父母不仅要为孩子的一日三餐操劳，还要考虑让他进行多长时间的体育锻炼，如何平衡学习和兴

前　言
享受 18 年养育生活的每一天

趣爱好，如何安排好一天 24 小时的时间……父母对这些事情想得越多，就越会陷入苦恼之中无法自拔。

我写这本书的目的，是希望父母和孩子快乐地度过每一天，希望养育孩子的 18 年时光能够成为你们美好的回忆。我想告诉父母，同样一件苦差事，可能只需稍微调整视角，便可轻松化辛苦为快乐。倘若本书能让父母有所感悟，于我则善莫大焉。

目录

前言 享受18年养育生活的每一天

第1章 如何高效辅导，培养孩子的学习能力 / 001

1. 孩子不肯学习时，父母该怎样引导？ / 003
2. 在不辅导孩子学习的时候，应该和他聊些什么？ / 005
3. 如何提前为孩子规划好学习时间和学习科目？ / 007
4. 孩子能否只用学校的教材进行学习？ / 009
5. 孩子在不同的年龄段该读什么书？ / 011
6. 如何培养出独立思考、主动学习的孩子？ / 013
7. 孩子的计算能力特别弱怎么办？ / 015
8. 英语和编程这两个科目，孩子是否应该尽早学习？ / 018

> 日积月累
> 就是最硬核的养育

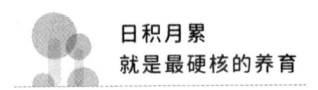

⑨ 如何为孩子升学选择志愿学校？/ 020

⑩ 孩子努力了但成绩没有提高，该对他说些什么？/ 022

⑪ 孩子不会自己规划学习时间怎么办？/ 024

⑫ 如何让孩子对不擅长的科目提高兴趣？/ 027

⑬ "预习"和"复习"，应该让孩子更重视哪个？/ 029

⑭ 不同的科目是否存在学习方法上的不同？/ 031

⑮ 孩子不擅长背诵，有没有行之有效的办法？/ 036

⑯ 孩子开始为高考备考的时间节点是什么时候？/ 038

⑰ 儿童房、图书馆、客厅……究竟该让孩子在哪里学习？/ 039

⑱ 孩子学习的习惯和节奏因长假被打乱怎么办？/ 041

⑲ 孩子在哪几个年龄段该重点学哪些东西？/ 044

⑳ 孩子才学习30分钟就开始不专心了怎么办？/ 049

㉑ 让孩子按照课程进度学习是最佳选择吗？/ 051

㉒ 初中生能在考试前夜通宵学习吗？/ 053

目录

㉓ 孩子对老师讲的问题不理解，父母是否应该用自己的方法为他讲解呢？ / 055

㉔ 居住地教育资源有限，是否要利用在线课程让孩子学习？ / 057

第2章　如何智慧沟通，调动孩子的积极性 / 059

① 孩子没有被理想学校录取，父母应该对他说些什么？ / 061

② 孩子坚持要复读再考理想大学，父母该怎样回应？ / 063

③ 父母在冲动之下打了孩子，事后该对孩子说些什么？ / 065

④ 把老大的旧衣服或旧玩具传给下面的孩子时，该如何沟通？ / 067

⑤ 父母在和孩子讲话时，如何向孩子说出自己的意见？ / 069

⑥ 初中生有着不切实际的梦想，比如成为棒球运动员或者音乐家，父母要如何回应他？ / 071

⑦ 父母在假期中该如何与孩子互动？ / 075

> 日积月累
> 就是最硬核的养育

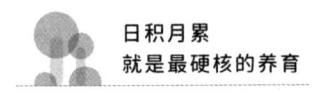

⑧ 应该在什么时候表扬孩子？会不会不经意间表扬得太多？/ 077

⑨ 孩子对学习失去了自信，该怎样鼓励他？/ 079

⑩ 在孩子说话时总是习惯性地打断他，该怎样倾听孩子呢？/ 081

⑪ 总是搞不懂孩子在想什么怎么办？/ 083

⑫ 如何把握亲子之间肢体接触的分寸呢？/ 085

⑬ 该怎样处理孩子之间的争吵？/ 087

⑭ 批评孩子的时候，要注意些什么？/ 089

⑮ 父母跟儿子和女儿的相处方式是否该有区别？/ 091

⑯ 父母该如何改正唠叨孩子的习惯？/ 093

⑰ 孩子闯祸后，我该严厉地批评他吗？/ 095

⑱ 在批评孩子时，有没有什么行为是父母绝对不可以做的？/ 097

⑲ 父母可不可以对孩子表达自己在生活或职场上的不满？/ 099

⑳ 是否存在一个时间节点，父母该改变与孩子的相处方式？/ 101

目 录

第3章 如何提供支持，让孩子拥有底气 / 105

① 生活在市中心，没办法让孩子尽情玩耍跑动怎么办？ / 107
② 孩子不擅长整理房间，他的房间转眼就一片狼藉怎么办？ / 109
③ 一家人很难凑在一起吃饭怎么办？ / 111
④ 孩子的朋友不多怎么办？ / 113
⑤ 对于育儿朋友圈里的意见，该借鉴多少呢？ / 115
⑥ 让家里的老人帮忙带孩子，合适吗？ / 117
⑦ 经常给孩子吃速冻食品，是不是不好呢？ / 120
⑧ 在日常养育中，父母应该陪孩子玩些什么？ / 123
⑨ 孩子上兴趣班总是坚持不下去怎么办？ / 125
⑩ 应该让孩子帮忙做多少家务呢？ / 127
⑪ 孩子没有特别的爱好，是否应该让他多尝试？ / 129
⑫ 怎么才能纠正孩子的挑食呢？ / 131

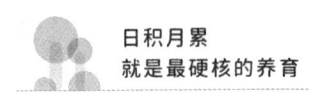

⑬ 孩子背诵乘法口诀比周围的孩子慢怎么办？ / 133

⑭ 父母担心孩子迟到，每天早上喊他起床，合适吗？ / 135

⑮ 孩子埋头于初中的社团活动，影响了学习怎么办？ / 137

⑯ 孩子不擅长和陌生人交谈，有没有好办法克服这个缺点？ / 139

⑰ 应该让孩子用学习软件学习吗？ / 140

⑱ 高考在即，应该如何帮孩子选专业呢？ / 141

⑲ 希望孩子有正确的金钱观，该如何培养呢？ / 143

⑳ 如何恰当地让孩子感受到父母的爱呢？ / 145

㉑ 孩子做了"坏事"，父母应该如何对待他呢？ / 147

㉒ 孩子对生日礼物不满意怎么办？ / 149

㉓ 怎样才能培养出一个不灰心、不放弃的孩子呢？ / 151

第4章　如何巧妙引导，让孩子学会自我管理 / 153

① 孩子不能遵守玩电子游戏的规定时间怎么办？ / 155

目 录

② 孩子抱怨自己的零用钱比别人的少，能满足他的要求吗？ / 157

③ 孩子经常因为熬夜而白天犯困怎么办？ / 159

④ 孩子想养宠物，要不要满足他的这个要求？ / 161

⑤ 孩子每天都吃零食，怎样避免他因此长胖？ / 163

⑥ 孩子不擅长球类运动，他为此感到苦恼，要怎样帮他？ / 165

⑦ 孩子不想吃早饭，有没有必要逼着他吃？ / 167

⑧ 孩子不喜欢读书，只想看漫画书和动画片怎么办？ / 169

⑨ 给孩子单独的房间之后，他一直宅在里面怎么办？ / 171

⑩ 让孩子每天看多长时间的电视合适呢？ / 173

⑪ 平时是不是应该让孩子看电视新闻？那让他看动画片也可以吗？ / 175

⑫ 4 岁的孩子一刻也坐不住，该如何帮他纠正呢？ / 177

⑬ 父母需要教给孩子的"修养"是什么呢？ / 180

⑭ 孩子达成一个学习目标时，该给他奖励吗？奖励什么呢？ / 183

⑮ 老大升学考试在即，小的却很吵闹，父母该怎样做？ / 185

日积月累
就是最硬核的养育

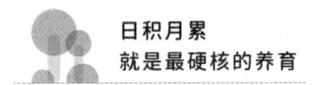

⑯ 怎样才能培养出体贴善良的孩子？ / 187

⑰ 当孩子对父母的话完全听不进去时怎么办？ / 189

⑱ 妈妈的工作很忙，不能经常陪伴孩子，这样会出什么问题吗？ / 191

后　记　"父母的笑脸"永远比电子产品更吸引孩子 / 193

第 1 章

如何高效辅导，培养孩子的学习能力

第 1 章
如何高效辅导，培养孩子的学习能力

1. 孩子不肯学习时，父母该怎样引导？

> 父母可以列出孩子今天必须完成哪些任务，并用数字量化任务，确定目标。

没有哪个孩子听到父母说"赶紧去学习"就会马上乖乖跑去学习，所以不建议父母把这句话挂在嘴边。如果仅仅简单地对孩子发号施令就能让他开始学习，那养孩子可就太轻松了。毕竟对孩子而言，准备去学习是最为痛苦的时刻了，那一刻需要克服巨大的心理障碍。

哪怕是成年人，在开始做事时也会给自己打气说"好吧，好歹先活动下老腰吧"，更别说小孩子了，他们会一边在心里想着"讨厌死了"，一边磨磨蹭蹭。父母见状就会大声催促："你到底要磨蹭到什么时候！赶紧的吧！"一

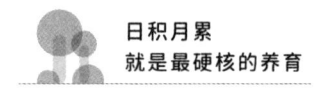

且出现这种局面，家里的气氛就会陷入尴尬。如此一来，孩子可能会愈发讨厌学习，可是他又不愿听到父母唠唠叨叨，只能不情愿地坐到书桌前拿起笔。看到孩子这个样子，父母就会放下心来，但实际上孩子只是坐到书桌前摆摆样子而已。

为什么会这样呢？因为孩子还没有决定好具体要学什么，所以根本没有办法马上进入学习。那么，这种情况下该怎么办呢？每个孩子都有自己当下的学习任务，父母要掌握不同年级的孩子应该学些什么，然后用数字量化出孩子要完成的任务，比如"今晚8点到8点半学习10个字，8点半到9点做完3道数学题"，像这样帮孩子清楚地确定好分解目标就可以了。

如果眼前没有目标，无论是谁都没有动力开始行动，也没有努力的方向。

第 1 章
如何高效辅导，培养孩子的学习能力

② 在不辅导孩子学习的时候，应该和他聊些什么？

> 可以聊聊电视节目或当下的热门话题，并用幽默风趣的方式跟孩子谈谈自己的感想。

父母日常对孩子说的无非就是"赶紧起床""赶紧去学习""快点儿吃早饭""快去洗澡"之类的话，但这并非交谈，只是父母在单方面地提要求。换言之，就是在"下命令"，仅靠这些，孩子和父母之间根本无法进行心灵沟通。事实上，许多孩子的日常生活就是由这样的话构成的。但仅以这样简单的方式对孩子说话，并不能让亲子间真正建立信任关系。

父母代入思考一下大人之间的人际关系就能理解这一点了。如果一个人仅仅从自己的立场出发，说出来的话虽

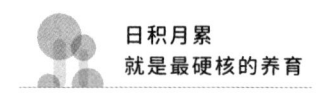

然在当时能够让对方去遵从，但并不能进一步达成真正的共识。

在此建议各位父母，可以跟孩子聊聊电视节目或当下的热门话题，把自己的感想用幽默风趣的方式告诉孩子。聊天的时候请父母们务必注意选择令人愉悦的话题，说出自己的看法，但尽量不要吐槽。这样一来，孩子便会发现"原来父母是这么想的啊"。即便是亲子之间，如果不说出自己的想法，也无法传达给对方，"意会"基本是不存在的。

如果孩子就父母谈论的话题发表意见，不要否定他，让孩子产生兴趣是将谈话愉快地进行下去的秘诀。如果孩子总是想和你谈点儿什么，那融洽的亲子关系也就能成功建立起来了。此外，你还要努力成为善于倾听的人，要让孩子愿意不断对你倾诉。这样一来，不仅亲子之间可以成功建立起信任关系，而且你还能够成为孩子遇到困惑时第一个想到的咨询对象。

第 1 章
如何高效辅导，培养孩子的学习能力

3 如何提前为孩子规划好学习时间和学习科目？

> 请父母提前规划好孩子一个星期的学习。

孩子在 18 岁以前的课后学习可以说都是居家学习。孩子在这期间要经历许多次考试，要一边进行学校的日常学习，一边着手准备应对这些考试，因此这段时间弥足珍贵。

18 年的时间看似十分漫长，实则弹指一挥间。孩子正是在这期间不断长大成人的，所以如何在日常生活中日积月累地完成学习十分重要，父母很有必要提前为孩子规划好如何充分利用一天的 24 小时。毕竟孩子和父母每天都忙忙碌碌，如果缺少日程安排，每天一转眼就到了晚上，可能就会觉得"哎呀，今天又是什么都没做"。请父母提前规

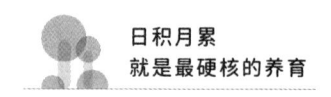

划好孩子一个星期的学习。一方面，规定好星期一至星期五放学回家到上床睡觉这段时间的具体安排，比如什么时间学哪些科目、学几页、做几道题。另一方面，在星期六和星期日也提前安排好孩子的起床、入睡、一日三餐和洗漱，让时间得到有效利用。**为孩子做学习规划的秘诀在于，规划时要和孩子商量。**

"这个时间段学数学可以吗？""要不要安排语文学习？"类似这样与孩子探讨之后再决定，孩子和父母都会感到愉悦。如果只由父母作决定的话，父母考虑的往往是"时间再稍微加长一点儿，做的事情再稍微增加一些"，于是这个日程安排就会充满父母的期待，孩子则会有强加于他的感觉，自然就不愿积极付诸行动了。无论如何，让孩子参与进来十分重要，但是父母也要注意，不能完全交给孩子去规划，毕竟孩子缺乏经验，难以制定出合理的日程安排。

可以先试行一个星期由亲子共同制订的计划，有进展不顺利的部分再进行调整，第二个星期继续尝试，如此反复多次之后，便可获得最佳的日程安排方案。

4 孩子能否只用学校的教材进行学习？

> 购买市面上的习题集，配合课业进度进行复习，也会很有成效。

孩子单纯依靠学校的教材进行学习，意味着通过课本、课后习题、测验和课堂讲授进行学习。但对于学校里学过的知识，孩子未必能够全部掌握，所以使用课外教辅还是有必要的。

掌握一个知识点可以通过多种途径，只有变换切入点才能强化孩子对知识点的理解。课外教辅往往编写得比学校教材更具有训练性，会通过强化测验检测孩子的学习效果，巩固孩子对知识的掌握。父母可以购买市面上的习题集，配合课业进度进行查缺补漏的复习。

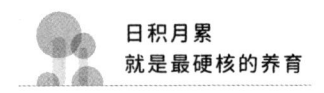

比如，小学阶段培养的计算能力会为初高中阶段的数学学习打下基础，所以必须培养孩子稳扎稳打的计算能力。但仅仅依靠学校的教材恐怕并不能满足训练量，孩子必须进行大量练习，在这个过程中达到一定的熟练程度。

父母可以和孩子一起去书店逛一逛，找一些字号大、排版看起来不会让孩子有太大心理压力的习题集，买回家练习。

5 孩子在不同的年龄段该读什么书?

> 孩子在上小学之前可以读绘本,上小学之后可以读课本中推荐的课外阅读书目。

在孩子上小学之前,我建议父母带他读绘本,等到孩子自己有能力阅读的时候,就让他自主阅读。刚开始给孩子读一些经典或畅销绘本时,父母也能够随着阅读提高鉴赏力,学着为孩子挑选优秀的绘本。所谓优秀的绘本,基本是指父母认可的,一般不会有问题,但我建议还是要选择那些语言规范的绘本。

等孩子上了小学之后,语文课本里会推荐课外阅读书目,父母最好优先选择这些书让孩子读。父母还可以让孩子读一些课文的作者写的其他书,或者读与课文同一主题

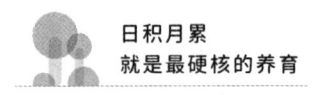

的书，这会帮助孩子更快乐地学习课堂知识。教育部门也会分年龄段推荐阅读书单，父母可以参考这些书单帮助孩子挑选合适的书。孩子读了这些书之后，就会找到自己喜欢的图书类型，然后再根据需要去图书馆借阅，这个过程很快乐。让孩子找到自己喜欢的书或作者非常重要。父母简单地把书递到孩子手里要求他们阅读，只会适得其反，导致孩子讨厌读书，因为每个人都不会喜欢别人强加于自己的东西。

最重要的一点是，**若想让孩子爱上读书，父母首先要在孩子面前表现出对读书的热爱。**

6 如何培养出独立思考、主动学习的孩子？

> 父母应该将自己的经验和见闻分享给孩子听，并帮助孩子提高成绩。

许多父母都希望自己的孩子能够独立思考，不需要督促就能主动学习，其实这是父母在偷懒。如果父母在养育孩子的过程中总想偷懒，那无论父母还是孩子都不会顺利取得成功。

孩子往返于家和学校，生活在狭小的天地里，稍微思考一下就能知道他们会面临哪些问题。

父母是成年人，应该向孩子分享自己的经验或者见闻，并将孩子需要懂得的道理用通俗易懂的语言讲给他听。但不能说教，而要用轻松的语气给孩子提出建议。告诉孩子

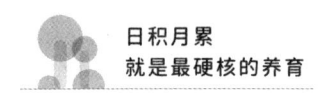

眼下的问题应该如何处理，这样孩子就会照着做。如果孩子表现出不情愿的态度，或许是因为对他来说难度太大，父母就需要帮他调整处理方案。

让孩子变得积极主动的"灵丹妙药"就是帮助他提高成绩。如果孩子能够提高成绩，自然就会瞬间充满动力，愿意主动学习了。不过，在大考中一下子提高成绩不太可能，所以要从小测验开始努力。比如语文和数学等小测验考查的知识范围小，孩子稍加努力便可立竿见影，通过努力一定可以提高分数，所以父母务必与孩子一起准备。

孩子的计算能力特别弱怎么办？

> "个位数加法"是数学的基础，建议让孩子训练到看到算式就能说出答案的熟练程度。

不擅长计算的孩子表现为做计算题很慢。实际上计算的基础是个位数加法。如果问一下计算能力差的孩子的父母，他们通常会回答"孩子的个位数加法还是不成问题的"，可是如果继续追问，就会发现他们的孩子大多是这样一种情况：能够说出答案，但是计算缓慢、经常出错，或者需要借用手指来计算。

孩子做个位数加法，应该达到只看着算式就能条件反射地说出答案的熟练程度，因为孩子学习减法、乘法、小数、分数、四则混合运算等复杂的算法时，都要用到个位数加法。

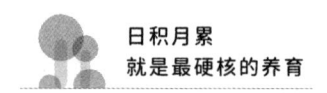

举个例子，减法看似与个位数加法没有关系，但因为它与加法互为逆运算，所以只需理解加法，学习减法也就不费吹灰之力了。总之，计算是日积月累的功夫，所以一定要努力不让孩子留下盲区，这样孩子才能在之后的学习中腾出更多精力理解图形题和应用题。

想让孩子提高计算能力，归根结底是要让孩子拿起笔，从基础开始练习。有的孩子在做加法时经常借用手指，如果孩子在初学阶段想这样做，父母不妨告诉孩子可以大大方方地掰着手指计算，因为如果呵斥或者批评孩子，孩子就会偷偷地在桌子下面掰手指，这样他的计算能力进步得也就会慢。让孩子光明正大地掰手指，等掰手指掰到痛，他的计算能力也就提高了，到最后不需要掰手指也能计算得又快又准。

除了数学，我再来谈一些克服其他科目学习困难的方法。在国语[①]学习中，识字、组词、造句是最重要的基本功，可是单练习写字的话，哪怕孩子写再多遍也还是不会

[①] 本书中的国语指日本语，可以理解为语文，是日本中小学的必修科目，课程内容包括汉字学习。——编者注

用，所以通过阅读识字才是上策。父母要多给孩子读文章，并讲解文章内容。

理科和社会[①]这两个科目要尽量让孩子结合现实体验来学习。比如，父母可以在春天种下向日葵、牵牛花和丝瓜等植物，到夏天的时候孩子就能够亲自观察到植物的生长，这比仅仅给孩子看课本或者图鉴更能让孩子学好生物知识。

如果能将孩子要学的知识都与现实进行结合，唤起孩子真切的体验感，学习也会随之变得快乐起来。简而言之，国语的学习要多读多听，理科和社会的基本学习方法则是尽量让孩子观察实物。

[①] 在日本，孩子从小学三年级开始就要学理科和社会。理科包括物理、化学、生物和地学，社会包括地理、历史和公民。——编者注

> 日积月累
> 就是最硬核的养育

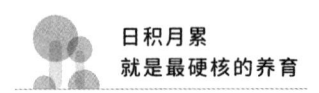

8 英语和编程[1]这两个科目，孩子是否应该尽早学习？

> 孩子在小学阶段开始学习这两个科目就可以。

在日本，英语是中小学必修课。但英语是外语，小学生连母语尚且不能充分掌握，让他们学习外语着实有点儿勉为其难。我认为，学习语言应该先扎实地掌握好母语，在此基础上才更容易学习外语，所以我认为，最好把打好日语基础作为学习英语的先决条件。

不过，既然小学的教学大纲中安排了英语课，孩子如果在入学之前完全不接触的话，刚开始在课堂上学习时可

---

[1] 2020 年，编程被列入日本中小学必修科目。——编者注

能会感到迷茫。既然希望孩子能快乐地度过学校生活,父母还是可以提前做一点儿准备工作的。因为我认为"读、写、计算"最为重要,所以对于英语学习,让孩子提前参加一些类似会话教室①的游戏就可以了,以快乐学习为主。

编程和英语同理,既然学校开了编程课,家长就要重视,毕竟孩子在学校里学不明白的话,学习信心就会受到打击,可以让孩子接触一些编程游戏。学习编程时,让孩子了解"编什么、怎么编、为什么编"十分重要,在这个过程中培养孩子的表达力和创造力。

---

① 会话教室是日本学英语的特色教学方式,针对日本人天生的英语发声弱势,由老师带着学生做会话游戏,练习英语会话。——编者注

日积月累
就是最硬核的养育

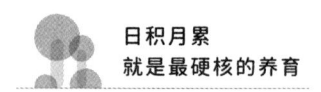

9 如何为孩子升学选择志愿学校?

> 第一衡量标准是孩子的分数,不是去想去的学校,而是去能去的学校。

归根结底,父母还是要先考虑孩子的分数,如果孩子平时的分数与心仪学校的录取分数线之间差 10 分以上的话,孩子被录取的可能性就很小。

如果志愿学校的分数线和孩子平时的分数之差是 5 分,还是有很大的录取概率的,这时要考虑的一个因素就是孩子上学所需的时间。以我家孩子为例,我的几个儿子从家里到滩校[1]

---

[1] 滩校是日本升学率最高的私立初高中一贯制学校之一,是男子学校,分为初中部和高中部,位于神户市东滩区,因被东京大学录取的学生人数居日本第一,被誉为"距离东京大学最近的中学"。——译者注

第 1 章
如何高效辅导，培养孩子的学习能力

坐电车的车程为 1 小时 40 分钟，再加上两头花在路上的时间，单程需要 2 小时。我女儿上学坐电车要 55 分钟，算上两头花在的路上时间，单程是 1.5 小时。根据我的经验，对于中学生来说，男孩子单程 2 小时，女孩子单程 1.5 小时就是极限了。因为中学生书包里的物品又多又重，即便是体力好的男孩子也会感到累，以女孩子的体力会更累，因此上学所需的时间应该是越短越好。父母还要考虑从家到学校乘坐的交通工具是什么。孩子需要在父母的帮助下结合这些具体的交通问题与成绩来确定志愿学校。

总之，志愿学校是以去能去的学校而不是去想去的学校为基础，并以能够被录取为先决条件进行考虑的。

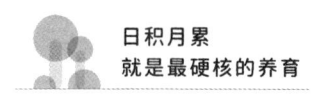

10 孩子努力了但成绩没有提高，该对他说些什么？

> 请告诉孩子："学习成绩没有提高就等于没有学习。"

父母无论如何都不要说："只要努力学了就好。"父母之所以会感觉孩子"努力了"，可能只是因为孩子看起来学了很长时间，做了很多笔记。

学习，既不是长时间坐在椅子上就能学好的，也不是做了许多页笔记就可以的。学习就像大人们的工作一样，只有取得成果才有价值，才值得被表扬。"只要花费了时间和精力就好"，这样的想法是错误的。

在面对现实问题时，最理想的结果是不花费时间、精力和费用就能最大限度地取得成果。所以父母首先要理解

第 1 章
如何高效辅导，培养孩子的学习能力

这一基本道理，孩子的成绩之所以不能提高，是因为在学习上有始无终，不能深入理解知识，无法掌握应用能力。孩子遇到难点会装作已理解的样子来自欺欺人，所以请父母务必留心这个问题。

如果孩子掌握了正确的学习方法，理解了所学的内容，就一定会在分数上有所体现。假如孩子考不好，父母一定要思考"孩子为什么没考好"，然后和孩子一起认真分析。

分数最为诚实，所以请父母和孩子一起专注于小幅度地提高分数吧。

> 日积月累
> 就是最硬核的养育

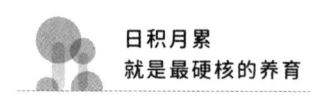

11 孩子不会自己规划学习时间怎么办?

父母先和孩子一起制订时间计划吧!

进行时间管理首先需要做全面深入的思考,这对孩子而言是一件极其困难的事情。即便父母告诉孩子怎么做,他也做不到,因此就需要父母先和孩子一起制订时间计划,具体方法如下:

1. 父母和孩子一起思考制订为期一星期的计划。如果仅由父母制订,很可能计划会不切实际,所以在这个过程中听取孩子的意见很重要。

2. 父母按照制订好的时间计划,带孩子试执行一星期。

第 1 章
如何高效辅导，培养孩子的学习能力

3. 在试执行计划的过程中，父母和孩子一起找出执行困难或不合理的部分。

4. 根据在执行过程中了解到的新情况，父母和孩子对计划进行斟酌和调整。

5. 让孩子用一个星期的时间尽量执行制订好的计划。因为计划后的生活和之前不同，所以孩子哪怕经历一些痛苦也要忍住。告诉孩子，既然要将新的东西带入自己的生活，让自己变得更好，自然就会或多或少伴随一点儿痛苦。如果生活日复一日地重复着昨天，人生将不会发生任何改变。

6. 父母不要幻想一劳永逸，认为制订一次计划就能用上一年。因为第一学期与第二学期是有区别的，再者遇到寒暑假这样的长假，计划自然也要随之调整。孩子的人生在一步一个脚印地向前走，时间规划也要与之相匹配。在日常执行计划时，父母要细心观察，密切关注孩子的情况。

请父母在帮助孩子制订计划时留心以上几点。假如父母对孩子抱有不切实际的期待并据此制订计划，结果只会适得其反，将孩子逼到死角。父母如果能够开开心心地听取孩子的意见，结合孩子的情况对计划进行删减和微调，

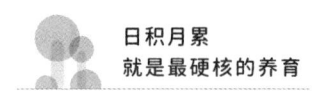

与孩子一起成长，那孩子也会看在眼里，学会如何制订计划、调整计划。

如果父母在孩子小学六年级之前都能帮助他规划时间，那孩子上初中之后就可以自己规划了。届时，父母不要打击孩子，而是要多表扬，帮孩子查漏补缺。

总之，父母要践行言传身教，让孩子在耳濡目染中学会自己规划学习时间。

12 如何让孩子对不擅长的科目提高兴趣？

> 首先让孩子从不擅长的科目中挑选出他尚能忍受的题目做，以此作为突破口。

孩子在学习不擅长的科目时，一直会伴随着烦躁感。孩子生来就有自己的喜好，就像大人对事物的喜好一样，讨厌某种东西可能有理由，也可能毫无缘由，这在养育孩子的过程中是不容忽视的问题。我认为，对食物的喜好与对学习科目的喜好有着惊人的相似性，处理起来也有异曲同工之法。在对待食物的喜好上，当孩子提出"不想吃、不喜欢"时，假如父母不考虑精神层面的因素，依然谆谆教导说"不管怎样都要努力吃掉""因为有营养啊"之类的话，就不会有很好的效果。

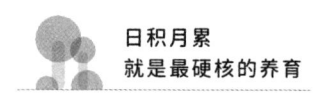

参照如何让孩子吃掉他讨厌的食物,就很容易在孩子的学习上找到关键方法。假如一个孩子讨厌吃青椒,你对他说"拿出毅力,努力把它吃掉",恐怕孩子不会高高兴兴地吃下去。但是假如把青椒切碎放入汉堡中,孩子大概率会开开心心地吃掉。

同理,如果孩子讨厌计算,那就找出原因,先让他从简单的题练起。一开始不要让孩子做太多,也不要在旁边陪着孩子、让他依靠毅力去做,而是让孩子从不擅长的科目中挑选出他尚能忍受的题目做,以此作为突破口。任何事情在开始的时候都不要贪心,量要少些,而且要从简单的做起。同时重视孩子的心理状态,关注他是不是开心,这样就能让他学好不擅长的科目了。

还有一点父母不要忘记,无论孩子擅长与否、喜欢与否,小学期间学习的知识都必须牢牢掌握,一定要想方设法地让孩子学会。父母必须做好这样的思想准备。

第 1 章
如何高效辅导，培养孩子的学习能力

13 "预习"和"复习"，应该让孩子更重视哪个？

> 在小学阶段，复习比预习更有效。

小学阶段的课程

我认为，在小学阶段，复习比预习更有效。在幼儿教育阶段，如果要让孩子进行预习，我建议只需将算术[①]预习到下一年级的程度就可以了。

孩子可以用市面上的习题集进行预习。如果要在家里由父母带领着预习，我建议小学一年级至六年级最好使用

[①] 在日本，数学科目在小学阶段被称作"算术"，到了初中阶段才被称作"数学"。——编者注

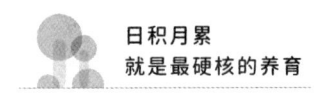

同一出版社的参考书。假如孩子每升入高年级都更换参考书的版本，那参考书的排版、字体、插图风格也都会发生相应的变化，这样可能会扰乱孩子的学习进度。对孩子而言，一切都是第一次接触，所以建议使用排版相对简洁的参考书。

初、高中的课程

中学阶段，我建议进行英语的预习。可能的话，最好整体规划孩子一学期的学习任务，让孩子利用节假日等休息时间提前全部预习完。这样到期中和期末考试的时候，孩子就能轻松一些了。

预习并非让孩子做到面面俱到，他能做到找出不懂的地方就足够了。其他科目我建议孩子根据具体情况分别进行预习和复习。

第 1 章
如何高效辅导，培养孩子的学习能力

14 不同的科目是否存在学习方法上的不同？

> 对所有的科目而言，最重要的学习方法都是快乐学习。

国语

首先，像汉字、成语之类的知识需要牢牢记住，因为一旦记错了很难纠正。所以孩子每次学新的汉字时，都要让他多写一写，记住笔画顺序。孩子学习成语时，父母可以给他讲讲成语的由来，孩子感兴趣才会更容易记住。

要想培养孩子的阅读兴趣，父母可以在低年级阶段读课文给他听，读的过程中如果遇到理解难度大的字和词，最好给孩子讲解一下。读完之后，如果孩子有问题，父母可以与孩子进一步讨论，加深孩子的理解。培养阅读兴趣

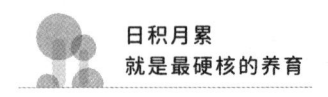

的关键在于让孩子在阅读中获得感动，这样孩子才记得牢，所以遇到理解难度大的文章时，也要让孩子产生情感共鸣。父母给孩子读课文最好能一直坚持下去。不必担心一直给孩子读课文会妨碍他到了更高年级的自主阅读，因为孩子不会永远停留在低幼阶段，总有一天他会自己读的。

数学

小学阶段最重要的科目是算术，孩子要达到不必考虑计算方法也能信口作答的程度。我认为，在算术学习上不应苦思冥想，而应该反复练习，出现计算错误意味着不熟练。

我经常听到有孩子为应用题做得不好而苦恼。遇到这种情况时，孩子可以先熟悉应用题的表述方式，学会迅速抽取题目中的关键信息，从简单的题目入手。应用题不应死记硬背解题方法，而是要认真思考为什么采取某种解法，理解了解题方法的道理之后，再反复练习。

图形题需要熟悉数学术语，还要记牢定律。

第 1 章
如何高效辅导，培养孩子的学习能力

🌼 理科

日本小学阶段的理科学习内容包括生物、化学、物理和地学，这些内容要学到高中阶段，在小学阶段学习的是入门知识，让孩子对理科学习产生兴趣非常重要。孩子学习理科的秘诀在于不要只学课本上出现的内容，而是要尽量见到实物，如鲜花、夜空中的星星、小虫子等，并从中获得乐趣。系统性的记忆有助于对知识的正确理解，所以虽然学习和背诵会麻烦一点儿，但孩子通过这些方法可以将知识牢牢记住。

🌼 社会

日本小学阶段的社会学习内容包括历史、地理和公民。孩子学习社会科目很容易死记硬背，其实不是所有的知识都可以通过背诵记住。况且如果孩子需要死记的东西太多，最后还是会什么都记不住，这样一来，这一科目就会变成他的弱势学科，这种情况也是很常见的。如果不能快乐学习，孩子就不会产生动力，所以我建议在这一科目的学习中引入漫画，利用漫画给学习带来快乐。学习历史也是一

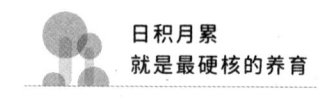

样，只背名词解释是不够的，还必须让孩子梳理清楚历史发展脉络。这样，孩子才能够兴致勃勃地从头到尾把历史学下来。但课本和参考书都相对枯燥，所以利用历史绘本或者历史漫画来学习再合适不过了。古代人的服饰等知识一目了然，孩子在阅读时就能产生兴趣了。

地理学习最好让孩子从观察和了解自己成长的地域入手。地理教材里面的图画和照片是不够的，建议让孩子多看一看旅游类图书和杂志，这类图书和杂志上刊登的照片尺寸都很大，可以让孩子更直观地了解知识。另外，图书和杂志上面还有地方特产、美食等许多课本上不会出现的内容，欣赏这些图片也是一种乐趣。这样做不仅可以拓展孩子的兴趣，而且可以让孩子在不知不觉中学到知识。

学习社会科目时，可以让孩子结合实物学习课本上的知识，这一点不同于理科，会比较困难，毕竟不可能为了学习日本地理游遍整个日本。但带孩子去博物馆、美术馆、动物园、植物园等地方是切实可行的。比如选举的时候，父母可以带孩子去投票场所，让他实地看一下投票的情形。

第 1 章
如何高效辅导，培养孩子的学习能力

总之，没有快乐就没有学习，孩子咬紧牙关不快乐地去学习，既不可能长期坚持下去，也不会带来学习能力上的提高，所有科目的学习都应该设法做到快乐优先。我们要想办法告诉孩子，其实在书本里学到的知识全部与现实生活密切相关。仅仅为了应试而临时抱佛脚地死记硬背，只会让有趣的知识变得枯燥无味，所以请父母们务必警惕。

当然，最为重要的是父母要花心思、做功课，让自己享受辅导孩子的过程。

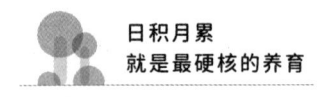

15 孩子不擅长背诵，有没有行之有效的办法？

> 不需要让孩子背诵，而是让孩子用心地多看几遍。

背诵就是要将大脑中本来没有的东西灌进去，这是一项十分艰巨的任务。几乎没有人只看上几眼就能将内容记下来。当遇到自己特别想记下来的内容时，即使铆足劲儿给自己打气说"我要背下来"，也可能只是浪费时间。这是因为人本身就是健忘的动物，如果学到的知识不能马上用到，就会慢慢遗忘。可是学习中有些内容是必须记住的，尤其是社会和理科，需要背诵的知识很多，要想让孩子记住课本上的那些术语十分困难，而且孩子即便暂时记住，转眼也会忘掉。

第 1 章
如何高效辅导，培养孩子的学习能力

我推荐以下几种行之有效的背诵方法：

1. 快速通读课本。

2. 做所通读知识的相关习题集。

3. 对照答案，找出做错的地方。

4. 在出现错误的地方做好笔记。

5. 利用碎片时间经常性地扫上几眼。

6. 按照以上做法依然无法记住的内容，用醒目的大字在A4纸上写出来，然后贴到墙上。

重要的是让孩子知道，不需要死记硬背，多看几遍就记住了。孩子不需要专门拿出时间来多看几遍，毕竟要是忘了的话，这些时间就浪费了，所以利用一天中的碎片时间看看平时的笔记就好了。在记忆时，趁着还没忘掉的时候反复进行强化记忆才是事半功倍的办法。

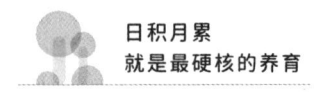

16 孩子开始为高考备考的时间节点是什么时候？

> 为升学考试备考的开始时间非常重要，请尽量提早一些。

如果问一下没有通过升学考试的学生，有相当一部分人会认为原因在于"时间不够用"。可是，所有考生的时间都是一样多的。所以，提升学习的关键在于如何支配时间。

为高考备考的开始时间十分重要。孩子进入高中后，要从高一开始就安排好学习。孩子要做好心理准备，花三年时间把每一门功课的成绩都提高到能考上大学的水平。

如果孩子在高一放松下来，到高二才准备高考，那么随着高考的临近，他可能会感到学习时间不够用了。

第 1 章
如何高效辅导，培养孩子的学习能力

17 儿童房、图书馆、客厅……究竟该让孩子在哪里学习？

> "在哪里学习"这个问题就问错了，正确的说法是"在哪里都能学习"。

在哪里都是可以学习的。换言之，请培养孩子在哪里都能学习的能力，不要让孩子天真地认为，只有置身于最适合的环境中才能学习。

请提前告诉孩子："学习是你最重要的任务，要做好充分的心理准备，在任何环境下都要能做到这一点。"

有的孩子在图书馆里反而不能集中注意力，比如他们为了准备期末考试去图书馆学习，实际上却变成和小伙伴聊天浪费了时间，所以父母不要被孩子"去图书馆学习"的话给骗了。

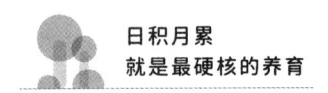

父母最好知道，几乎没有哪个孩子能够在儿童房这样的独立空间里学习。离开父母的视线，在独立的房间里一个人默默学习是非常孤独的，很多孩子忍受不了那种孤独，就会把手伸向漫画书或者智能手机，就这样白白消磨一两小时。

最近"客厅学习"①成为一种风尚，但是如果给了孩子独立空间，让他在客厅餐桌上学习，也只是换汤不换药罢了。重要的不是让孩子在客厅里学习，而是要让他建立客厅也可以作为学习场所的想法。

总而言之，不是要让孩子"在哪里学习"，而应该是让孩子"在哪里都能学习"，父母应该关注的不是让孩子学习，而是让孩子觉得学习是天经地义的事情。

---

① "客厅学习"是日本流行的一种"生活学习法"，提倡让孩子在家庭的公共空间学习，帮助孩子从小训练在具有日常声音的环境中集中注意力，让孩子将学习作为日常生活的一部分，回家后或饭后就学习，更容易进入学习状态。——编者注

18 孩子学习的习惯和节奏因长假被打乱怎么办?

> 父母请把"休养身心"放在长假安排的第一位,在此前提下,和孩子一起制订一个长假计划。

在长假中让孩子保持平时的节奏不太可能,而且如果孩子依然按照平时的节奏生活,长假也就失去了意义,所以没有必要像平时那样。既然学校难得放了假,那就让孩子过一段节奏和平时不一样的生活吧,这样既快乐又有益于身心健康。既然是长假,那就把休养身心放在第一位,在此前提下,和孩子一起制订一个长假计划吧。

我想父母们可能对此都颇有经验,假如没有计划安排,再长的假期也会转眼就结束。有不少的父母 8 月 31 日还在

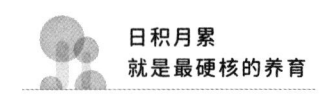

为孩子没有完成暑假作业批评他们，而暑假就在这样的批评中画上了句号。为了给假期画上圆满的句号，还是需要制订计划的。计划表就像指南针一样，倘若没有它，孩子就像驾着一叶小舟漂在一处名为"暑假"的茫茫大海上，虽然9月1日会勉强抵达终点，但小船很可能已经满目疮痍了。在日本，能被称作长假的假期有三个，分别是暑假、寒假和春假[1]。寒假里有圣诞节和新年这样的节日，进入圣诞节所在的12月，听着四面八方传来的圣诞歌，孩子们难免会心猿意马，再加上期间还有日本的传统新年，连带着除夕都要一起欢度，所以从12月31日到新一年的1月3日，这4天时间孩子应该都无法学习。人很难在不同的气氛之间来回切换，所以这4天前后的日子孩子可能也无法好好利用。这样一来，寒假也就只剩下一周时间可以用来学习了，所以我建议还是要让孩子优先完成学校的作业，剩下的时间可以用来过节。毕竟只做作业会让人觉得假期过得有些可惜。

---

[1] 日本的学校基本是采用三学期制，因此有三个长假：半个月左右的春假，将近2个月的暑假，还有半个月左右的寒假。春假时间一般在每年3月下旬到4月初，暑假一般在每年7月初到8月底，寒假一般是每年12月下旬到1月初。——编者注

第 1 章
如何高效辅导，培养孩子的学习能力

日本学生的春假只是一学年中的一个小片段，通常老师不会布置作业或者布置的作业很少，所以很容易被父母轻易放过，但实际上春假是下一个学年的开端，可以说这两周的时间十分重要。建议孩子把进入新学年之前积攒的问题分类整理一下，选出留到新学年会造成较大心理负担的问题并逐一解决。建议不要使用学校发的习题集，最好去书店买一本薄点儿的，并且看上去比较没有压力的习题集。对上一学年的查漏补缺可以让孩子在接下来的学期中更有信心，而能够完成这项任务的假期就是春假。

父母要正确理解春假、暑假和寒假各自的意义并提前告诉孩子。父母要是掉以轻心的话，孩子可能会在长假里沉迷游戏，所以必须和孩子好好商量并制订计划。具体的计划要在父母的主导下和孩子共同完成，这一点最为重要。

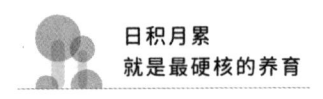

19 孩子在哪几个年龄段该重点学哪些东西？

> 建议把孩子 18 岁之前的时间以每 3 年为单位进行划分和安排。

我来谈一谈我自己关于这个问题的思考与实践经历吧。首先，因为我们生活在日本的教育体制之下，所以应该在这一框架之下进行思考。也就是说，孩子们需要在 12 年的时间里（小学 6 年、初中 3 年、高中 3 年）在一个叫作"学校"的机构内学习。而孩子到 6 岁才会上小学，所以将孩子 18 岁之前的时间以每 3 年为单位进行划分会一目了然：0～3 岁、4～6 岁、7～9 岁、10～12 岁、13～15 岁、16～18 岁。下面是我在孩子这 6 个年龄段对孩子学习的安排。

第 1 章
如何高效辅导，培养孩子的学习能力

🌱 0～3 岁的学习重点

这个阶段的孩子尚不识字，但是他可以听，所以我会用标准的母语对他说话，尽可能多地给孩子输入优美的语言、本土人独特的情感和基础的文化。之所以仅局限于本土文化，很大程度上也是因为我们夫妇二人都是土生土长的日本人。虽然很早就经常听到"国际化""全球化"之类的说法，但我还是认为将目光看向世界之前认真思考自己的立足点非常重要，毕竟人绝非一开始就能拥有开阔的视野。我家孩子在奈良出生，所以我希望他首先能够热爱自己的家乡奈良，接着逐渐将视野扩大到奈良县→关西→西日本①→东日本→日本→亚洲→世界，然后再去和全世界的人融洽相处。其中的第一步就是热爱家乡。因此我们只在母语上下功夫，在每个孩子 3 岁之前都给他读 1 万本绘本和唱 1 万首童谣。大家可能会觉得"1 万"是个相当庞大的数字，但实际上如果能在一个孩子 3 岁之前每天给他读 10 本绘本、唱 10 首歌谣，就能够达到这个数字。每天

---

① 西日本是对日本进行大地理区分时使用的词语，泛指日本西半部地区。对应词是东日本。——编者注

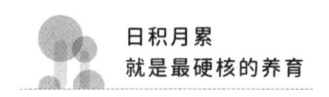

读 10 本绘本听上去似乎很难完成，但其实几分钟时间就能读完一本，在做家务的间隙里读一读就能够轻松完成，童谣在更短的时间内就能完成。

4～6 岁的学习重点

这个阶段要让孩子集中精力应对小学入学。为了从小学一年级就把握好绝佳的起跑机会，我会带着孩子学习"平假名""片假名"①"数字""个位数运算""九九乘法表"。

7～9 岁的学习重点

我们经常会听到"9 岁是分水岭"的说法，我也认为确实是这样。虽然我对儿童发育的专业知识并不了解，但就我的体会而言，小学三年级和小学四年级还是有很大差异的。孩子在小学三年级前更接近幼儿园阶段，升入小学四年级之后慢慢成长为少年，逐渐接近初中生了。所以说，

---

① 平假名和片假名合称为假名，是日语的表音文字。平假名多用于表示日语中的固有词汇和文法助词，由汉字的草书演化而来。片假名多用于表示外来词，由汉字的楷书演化而来。中国孩子可以参考本书的方法学习汉字和拼音。——编者注

第 1 章
如何高效辅导，培养孩子的学习能力

虽然孩子上了小学，背着双肩包说一声"我走了"，会让人感觉他已经长大了，但实际上在9岁之前，孩子并没有成长到大人想象的程度，在各方面都还需要父母的悉心呵护。

10～12岁的学习重点

如果决定参加初高中一贯制学校的入学考试，那么这一时期孩子就要开始应试学习了。决定参加考试之后，我就开始留心让孩子减少对时间的浪费。如果不参加考试，就要瞄准中考。为了让孩子能顺利度过初中生活，父母应该注意不要让孩子在小学阶段的学习上留下漏洞。

13～15岁的学习重点

一升入初中，孩子要全力以赴准备期中和期末考试，不能在学习上出现差错。在初高中一贯制的学校里，初三和高一是孩子最容易懈怠的时期，父母务必要留心。参加中考的孩子则需要注意成绩报告单的相关准备。

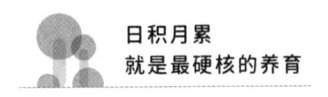

16～18 岁的学习重点

在日本，高二要分文理科，所以需要参考孩子平时的考试成绩做出选择。我跟我的孩子说，先不去选择具体的大学和专业，而是要全力以赴地提高实力，届时再选择自己有把握考上的大学和专业。我对孩子唯一的希望就是他能健康快乐地过完一生，所以我不会把大学的名字天天挂在嘴边，跟孩子说"我希望你去××大学"，而且我也根本不会有那样的想法。

以上虽然谈了孩子 0～18 岁的教育，但我还是认为父母应该在孩子刚出生后的婴儿期里大致决定好以什么为重，这一点十分重要。每位父母的想法当然都不一样，正因为如此，孩子才会在各种各样的想法中成长，这个世界也才会充满多种多样的价值观。不过，无论选择什么样的道路，孩子都要在 12 岁之前奠定基础学习能力，所以父母们不要忘记让孩子踏踏实实地学习。

20 孩子才学习 30 分钟就开始不专心了怎么办？

> 我建议在孩子能专注的时间范围内布置适量的学习任务，父母帮忙计时。

小学生的专注力有限，一、二年级的学生能专心 15 分钟，三、四年级的学生能专心 30 分钟，五、六年级则因人而异。一旦孩子开始学习，把所学科目的内容全都归拢起来让他一下学完会比较利索，所以父母通常倾向于让孩子把一个科目的学习任务一下子做完，但实际上这样是不合理的。

如果孩子 30 分钟之后就无法集中注意力，那么后面即便继续让孩子学习同一本教材，也只能将学习变成苦修。如果孩子的专注力只有 15 分钟，那么就应该每 15 分钟就

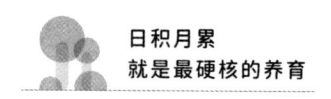

给他更换所学习的科目。先做 3 道计算题，再做 1 道国语题，再做 2 道理科题，像这样规定好孩子各个科目 15 分钟之内能完成的学习量，父母帮忙计时，时间到了就换下一个科目。

父母要注意，即使孩子在规定的时间内没有做完题目，也要不容分说地叫停。因为孩子在计算的过程中被叫停，之后就只能从头再做一遍，所以他会拼命地赶在规定的时间内做完。每天坚持这样做，孩子的专注力就会逐渐得到提高。

专注力是可以通过锻炼获得的，但前提是得到父母的帮助。

21 让孩子按照课程进度学习是最佳选择吗？

> **最佳的学习进度是能让孩子快乐学习的进度。**

不同的学校和不同的班级，课程进度会有差异，而且课程进度也不可能与所有的孩子相匹配，所以让孩子按照课程进度进行学习并非最佳选择，能让孩子快乐学习才是最好的学习进度。

过难和过易都会让孩子不快乐。我认为让孩子学高年级的知识完全没有问题，只不过要注意一点，既然要先人一步，那就优先考虑领先问题，不要在意熟练程度。要始终把现在的进度放在第一位，要用让孩子快乐的进度学习高年级的知识，不要树立"到××程度为止"这样的目标。

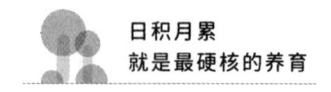

很多父母往往会有这样的想法，希望像在工作中取得业绩一样锻炼自己的孩子，但孩子是活生生的人，不是工作，这样势必会让孩子崩溃。

提前学习更高年级的知识时如何选择教材、如何利用在线教育资源，是需要重点关注的问题。另外，一旦做出这样的选择就要持之以恒，否则效率就会很低，得不到一定的成果。总而言之，父母要洞察到以上问题之后再带孩子付诸行动。

22 初中生能在考试前夜通宵学习吗？

> 如果只是偶尔一次，父母也不必过于担心，但不提倡孩子这样做，建议父母督促孩子早点儿着手准备。

如果孩子直到考试前一天还没有学习考试当天的科目，因为这样的原因熬通宵，那就说明孩子过于临时抱佛脚，还是要督促他早点儿着手准备。其实孩子准备得再充分，考试前一天还是会出现想要巩固的知识点，所以有的孩子会希望通过熬通宵备考。

我们家也是这样，临近期末考试的时候，孩子们也曾经通宵学习。为了避免这种情况，我总结了一些有效的方法：平时要让孩子做好数学和英语的预习与复习；社会的

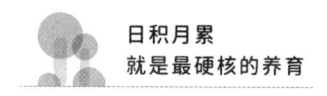

背诵内容要让孩子提早开始记忆；理科要让孩子将考试范围内的内容全部搞懂，要让孩子认真听课，把老师讲的考点全部记下来；国语课上学习的汉字要让孩子认真记牢，考试范围确定之后要让孩子认真复习课文内容。

如果孩子期末考试拿不到好成绩，父母和孩子便都会士气低落，所以父母要帮孩子努力考出好成绩。

第 1 章
如何高效辅导，培养孩子的学习能力

23 孩子对老师讲的问题不理解，父母是否应该用自己的方法为他讲解呢？

> 父母需要注意的是，不要否定老师的教法。

如果父母能教，自然是可以的。但必须注意的是，尽量不要否定老师的教授方法。因为孩子对父母和老师同样充满信任，如果父母的意见与老师的相左，孩子就会迷茫，不知道该听谁的好。尤其是数学题，解题方法往往不止一种，老师通常会采用自己一贯使用的教学方法，如果父母用自己的方法教孩子，孩子就会混乱。

如果想让孩子变聪明，秘诀就是用简单的方法教给他知识。同样一个问题，老师和父母给孩子灌输两种解题方法并没有好处，这一点想必大家都清楚吧？但是对于国语

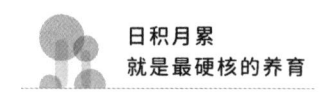

和社会之类的学科，我还是推荐父母加入自己的知识和经验给孩子讲解，这样会更利于孩子的理解。随着孩子升入高年级，数学会变得越来越难，父母可能就教不了了，这时可以请家庭教师进行一对一的辅导。但是家庭教师往往并不能很好地指导孩子把不懂的地方真正弄懂，只是单纯告诉孩子解题方法。

　　只要采用恰当的指导方法，结果就一定会体现在孩子的分数上，成绩不见提高意味着方法上出了问题，应该找对应科目的老师咨询解决。

第 1 章
如何高效辅导，培养孩子的学习能力

24 居住地教育资源有限，是否要利用在线课程让孩子学习？

> 我建议先让孩子尝试半年左右的在线课程。

当今时代不同于从前了，我们可以通过网络获取海量信息，住在哪里都没关系，同样可以努力奋斗。首先不必为自己所住的环境长吁短叹或者愤愤不平，人往往过于关注自己缺少的东西，这样便很容易产生"要是住在大城市里孩子就能考好"的念头，但实际上因为教育条件很好，城市里的考试竞争激烈，有的孩子因此生了病，所以孰优孰劣不可一概而论。从一开始父母就要横下心在原居住地努力。能接触到水平相对高一点的课程会对孩子有良性刺激，所以我建议先让孩子尝试半年左右的在线课程。

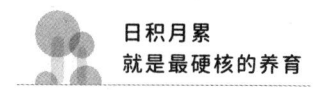

在线课程鱼龙混杂，所以请认真甄别。不参加在线课程，只是一味想着应该做点儿什么，只会徒增担忧，所以不如暂且参加一下。凡事只有亲自尝试才知道合不合适。但有一点，在线课程要在家里上，所以必须考虑如何将在线课程纳入孩子的日常学习计划。

第 2 章

如何智慧沟通，调动孩子的积极性

第 2 章
如何智慧沟通，调动孩子的积极性

1 孩子没有被理想学校录取，父母应该对他说些什么？

> 要对他说一些能让他今后振作起来，并积极向前看的话。

在孩子理想学校的录取信息发布之前，父母要提前准备好一段不长不短的措辞，并提前练习一下，以便更妥当地表达。当去看录取结果发现孩子没有被录取时，父母和孩子都会受到打击并感到失望。尽管父母会提醒自己冷静，注意说话的分寸，但毕竟人的本性如此，还是有很大概率脱口说出一些自己意想不到的话。虽然父母很快就会将自己说过的话丢到脑后，但孩子可能会终生难忘，这些话很可能会一直扎在他的心口上。

日本的升学考试分为初高中一贯制学校的入学、中考

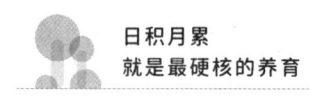

和高考，孩子分别在大约12岁、15岁、18岁时参加。这些考试全都在孩子的人生刚刚起步的阶段，所以父母要时刻注意，绝不可以在孩子小小年纪就否定他的前程。"我多希望你能去××中学啊！""你看×××都考上了呢！""你为什么就不能再努力一点儿呢？"父母可能是不经意间轻描淡写地说出这些话的，并无恶意。但你们既然是大人，又身为父母，还是把这些话咽回去，说一些能让孩子今后振作起来并积极向上的话吧。"虽然结果有点儿遗憾，但你已经很努力了。到了××中学以后要好好努力！妈妈会一如既往地支持你！"这样的话包含了父母对孩子的抚慰、对现实的接受、对未来的希望，以及对孩子的陪伴。请父母开开心心地积极参加孩子新学校的家长会、家委会、午餐会等活动。看到父母的态度，孩子也会愿意发自内心地努力。

孩子没有考入心仪的学校，父母不要念念不忘，更不要偷偷哭泣，因为这将会深深地伤害孩子。

第 2 章
如何智慧沟通，调动孩子的积极性

2 孩子坚持要复读再考理想大学，父母该怎样回应？

> 父母可以同意孩子复读一年，但下一年考上了什么大学就去上什么大学，这就是上策。

父母需要和孩子约定只复读一年。我建议让孩子做出保证，如果他依然不能考上心仪的大学，即便不尽如人意，也要去录取自己的那所大学。我听到过社会上关于复读多年的一些传言，这些传言几乎都是以最后考取理想大学圆满结尾，但实际上很多复读多年的学生都在中途放弃了高考或者调整了目标大学与专业。虽说如何安排人生是个人自由，但长年累月的复读生活需要靠父母支付生活费用。我不能对任何人的人生妄下断言，但是谈到复读生活，应该还是要像高中生那样学习。应届考生仅用三年时间就考

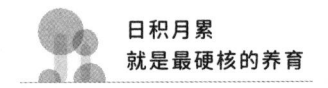

上了大学，达成了目标，而同样的事情复读生却要拉长时间去做，这终归让我感觉是在浪费人生。

即便孩子最后考上的不是理想的大学，我认为抓紧进入大学，继续探索自己的人生之路，才更明智——虽然这可能只是我站在父母立场上一厢情愿的想法。考生复读了好几年，最终还是去了和自己应届那年考上的大学是同一层次的学校，这种情况也并不少见。

鉴于以上原因，拿出一年时间对自己高中三年期间没能掌握的知识进行强化学习，然后去上自己考取的大学，是不是上策呢？

3 父母在冲动之下打了孩子，事后该对孩子说些什么？

> 父母绝对不能打孩子，请真诚地向孩子说"对不起"。

无论原因是什么，父母打孩子的这种可怕行为都会让孩子终生难忘。父母必须记住，绝对不可以这样做！一旦做了，事后对孩子说什么都难以补救了，唯一能做的可能就是真诚地向孩子道歉，而且下不为例。

请认真想一想，孩子靠父母抚养，如果把他赶出家门，他大概只能饿死了。被一个地位如此强势的人打，孩子又如何能接受呢？

况且孩子在小学阶段的身高比父母矮很多，他站在身材高大的父母面前逃无可逃，当有一张大手从天而降向自

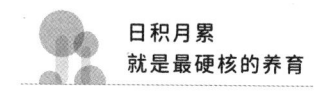

己挥来时，他该有多么害怕。比如孩子的身高只有1米，妈妈身高1.6米，那妈妈的身高就是孩子的1.6倍，而妈妈身高的1.6倍是2.56米。假如一个2.56米的大块头冲妈妈扬起手掌，妈妈又会是什么感觉呢？据说现在NBA球员的平均身高是1.98米，你大概能够想象2.56米有多高了吧。

如果那样一个庞然大物对父母扬起手掌会如何呢？何况对方还是掌控自己的生活甚至生命的人。想必大家能够明白这有多么令人感到悲哀和恐惧吧！

4　把老大的旧衣服或旧玩具传给下面的孩子时，该如何沟通？

> 先说完全不给小的孩子买新东西并不妥当，还是要有选择地给小的买一些，并向孩子们解释这样安排的原因。

如果完全不给小的孩子买新衣服和新玩具，那小的也太可怜了。父母可以告诉孩子们："玩具每个人都会有，衣服就传着穿吧。"

孩子长大以后要交很多学费，所以不必乱花钱买过多的衣服。虽然在这些东西上似乎也花不了多少钱，但总体算下来也是很大一笔开销。

我来介绍一下我家的情况吧。我3个儿子的年龄靠得比较近，所以衣服基本都是从大到小传着穿。我只给老大

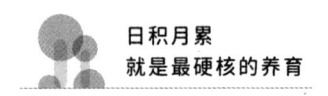

买新衣服，等他长大一点儿后就给比他小一岁半的老二穿，然后再给小4岁的老三穿。我母亲擅长针线活儿，除了袜子之外，外套之类的衣服全都是母亲给他们缝制的。我会对孩子们解释在购置衣服上节省的原因，让孩子们理解家庭的经费安排，并形成比较健康的消费观，所以孩子们没有说过嫌弃旧衣服的话。

但是玩具不同，虽然他们年龄不同，但我还是会给他们同时买3个同样的玩具。他们当中有一个过生日时，我也会给所有孩子送同样的礼物。如果只是过生日的那个孩子收到礼物，另外两个就会眼巴巴地吮着指头羡慕了。哪怕我跟得到礼物的孩子说"借另外两个玩会儿"，他也未必愿意放手，我不希望让其他孩子感到怅然若失。所以，我建议玩具还是给每个孩子都买为好。

第 2 章
如何智慧沟通，调动孩子的积极性

5 父母在和孩子讲话时，如何向孩子说出自己的意见？

> 父母要注意说话内容和表达方式，不要抱有"父母绝对正确"的态度。

父母能够把自己的意见告诉孩子是一件好事，问题在于说的内容、方式以及以什么样的态度对待孩子的回应。

父母的说话内容

父母可以根据自己的经验发表一些意见，但不要抱有"父母绝对正确"的态度。爸爸通常更容易有这样的问题，所以尤其需要注意。父母应该认识到自己的意见未必正确，可以思考以下问题：自己的意见现在还适用吗？会不会是自以为是？会不会是人云亦云？能说出持有这种意见的理

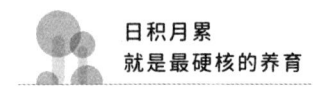

由吗？这是基于最新的信息做出的思考吗？

父母的表达方式

不要将自己的意见强加于孩子，也不要把孩子当成不成熟的人进行说教。把孩子看作独立的人并与他真挚平等地交流，对养育孩子来说十分重要。父母不要大声说话，不要因为自己想说什么就打断孩子，而是要耐心地一边听孩子说一边点头附和。如果父母表现出迫不及待想要说话的样子就喧宾夺主了，这毕竟是亲子间的对话，不要忘记孩子才是主角。

如何对待孩子的回应

孩子说出自己的意见时，父母要先表示赞赏。父母要适时地附和孩子，让孩子兴致勃勃地不断说出自己的想法。小孩子可能会说一些比较没有常识的话，但父母一定不要马上否定他们。现在令父母感到匪夷所思的观点，在30年后也有可能变成正确的。因此，父母不要随便否定孩子的意见。

6 初中生有着不切实际的梦想，比如成为棒球运动员或者音乐家，父母要如何回应他？

> 年少时就是想潇洒地拼搏，但如果孩子没有表现出过人天赋，还是让他先好好学习吧。

这个年龄的孩子，在电视上看到棒球运动员或者音乐家才华横溢、成绩斐然，就会希望自己也能像他们那样潇洒地拼搏，这才是青春该有的样子。成为棒球运动员和成为音乐家完全是两回事，所以我想分开进行探讨。

如果孩子想成为专业的棒球运动员

专业的棒球运动员大多从小学阶段就是崭露头角的少

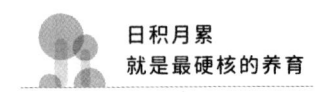

年球员,并且会进入甲子园联赛①中的强校,他们必须成为那些学校的棒球俱乐部里的正式球员,而且排位必须进入俱乐部的前十五。只有这样他们才有可能在职业棒球的球员选拔赛上被选中,然后才能走上职业球员的道路。不过,即便当上了职业球员,他们也很难取得成就。就算能有所成就,最迟也必须在40岁之前退役,这意味着他们必须在社会意义上正当壮年的年龄退役。这就是一个一流棒球运动员的生涯。退役之后,很少有人能继续从事与棒球相关的工作,很多人需要另谋出路。

要想成为职业棒球运动员,还有一条路径就是在"六大学"②里披荆斩棘,但是这比从高中棒球队就选上的选手

---

① 日本著名的高中棒球联赛,全称为全国高等学校野球选手权大会,分为春、夏两季,一般提到的甲子园指的是夏季甲子园。甲子园是日本高中棒球队的向往,进入甲子园意味着打进全国决赛。——编者注

② 东京六大学棒球联盟,是六所位于日本东京都的大学所属棒球部所构成的大学棒球联盟。起源于日本私立双雄早庆(早稻田大学、庆应大学)之间的早庆战,后由一所帝国大学、早庆两所顶级私立、三所名门私立学府共六校组成联盟。其形式类似于美国常春藤联盟,定期开展不局限于棒球的各项比赛以及活动。同类联盟还有由九州大学和北九州市立大学等高校组成的九州六大学棒球联盟。——译者注

第 2 章
如何智慧沟通,调动孩子的积极性

要晚入行 4 年,运动员生涯更为短暂。越探讨就越觉得这条路太窄了,孩子们之所以会做这样不切实际的梦,是因为只知道几个站在巅峰的运动员。

如果孩子想当人气爆棚的音乐家

这条路或许比成为棒球运动员更加艰难。棒球运动员只要有卓越的才能,就一定有机会遇见伯乐。但音乐家不同,即便才华横溢,如果运气不好也不会有机会崭露头角,甚至有可能连饭都吃不上,听说要"苦守十年",这期间的辛苦实在难以想象。假如孩子能在人生的某个阶段功成名就还好说,但是那样的概率非常低。这是一个十分残酷的世界,生存在艺术领域的人只有坚信"自己是最棒的"才能坚持下去。

人活着才是最难的,靠别人养活去"追梦"的想法令人不齿。应该让孩子知道,即便是一份朴素的工作,只要能够赚取生活费并做一个有益于他人的人,也是令人尊敬的。为了能多做一些力所能及的事情,好好读书并掌握能应用于任何领域的基本学习能力才是本分。

也有人确实能够在体育或者艺术领域获得成功,所以

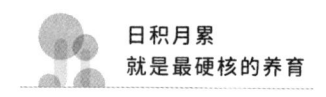

我并不能一概而论。不过，如果一个人做出这种选择，大概还是需要经常提醒自己有可能会美梦破碎，此外还要努力做到在哪里摔倒都无所谓。

也有一种观点认为，如果没有一心一意抱着成功的决心就根本做不到一流。但还是不要忘了，"追梦"会给父母和周围的人带来很大的麻烦。

不管怎么说，孩子需要具备基础学习能力，支撑自己进行职业转换，所以请告诉孩子："可以有梦想，但眼下还是要好好学习。"

7 父母在假期中该如何与孩子互动？

> 父母和孩子一起欢度假期，是良好互动的前提。

可以带学龄前的孩子玩折纸、扑克、手工制作等，也可以带孩子去公园、学骑自行车、跳绳、玩球等，这些他们都可以无障碍地玩耍。

小学生可以玩棋类、扑克、棒球接球等，等到身体长结实了，父母可以让他玩一些跑动的游戏。

到孩子初中和高中阶段，似乎已经不需要父母陪着玩了，因为他喜欢和朋友一起玩，那就由他去好了。

最困难的是如何和学龄前的孩子一起玩。这个阶段的孩子也是最可爱的，光是看着这些小不点跑来跑去地嬉笑

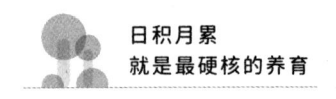

打闹就感觉非常幸福了。

我们家一共有4个孩子，家里虽然有相当多的绘本，但他们都看够了，所以每个周日我们都会一起去图书馆借绘本或连环画。因为家里没有连环画，借到之后孩子们开心极了。

到后来，孩子们玩一副扑克转眼就玩完一轮了，所以我们换成两副牌玩"抽乌龟"或翻牌之类的游戏，另外我家也收集了10多种纸牌。

要让孩子们开心，父母积极地参与是前提，另外还需要准备一些小道具。平时要注意揣摩孩子的心思，并提前悄悄地买好假期一起玩的东西，然后盼着假期赶快到来。如果抱有"假期不得不带孩子玩耍"的心态，就不能好好享受，而且很可能错过孩子们最可爱的时期。父母们，请积极享受假期吧！

第 2 章
如何智慧沟通，调动孩子的积极性

8 应该在什么时候表扬孩子？会不会不经意间表扬得太多？

> 表扬孩子可以在任何时间，针对任何事情，哪怕微不足道的小进步。请寻找孩子值得表扬的事情多多表扬他吧。

不光是孩子，大人肯定也是在受到表扬的时候更开心。因为一个人受到表扬时会产生积极向上的情绪，所以我还是希望父母多多表扬孩子。父母往往容易以自己的想法为准则贬低和否定孩子，可是父母的思想标准是绝对正确的吗？父母虽然比孩子多活了几十年，却也没有成为成功人士，也没有多么厉害的思想，用大人的自以为是斥责孩子，这在教育上可不是什么明智之举。

父母都希望孩子快快乐乐地生活，希望他们把自己当

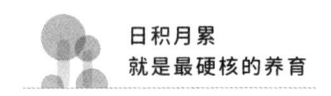

朋友。那么，父母在跟孩子相处时，应该尽量多多表扬。

如果孩子做了危险的事，父母要平静地看着孩子的眼睛，耐心地告诉他什么是危险的，什么是不可以做的，否则会出现什么后果。这才是比孩子早一些出生的人应有的态度。

如果说什么时候应该表扬孩子，我认为在任何时间，针对任何事情，哪怕微不足道的小进步，都可以表扬孩子，请寻找孩子值得表扬的事情多多表扬他吧。没有必要担心"表扬太多"，我反倒希望父母担心一下"表扬不够"。

不过孩子很快就会长大，如果到了初高中阶段整天逃学，分数也一塌糊涂，这时使劲表扬，孩子也会怀疑父母言不由衷，所以要避免太浮夸的表扬。对这个年龄段的孩子遇到的困扰，父母要认真排查原因，给出解决方案，对他说一些积极向上的话。

所谓育儿，归根结底就是要和孩子建立起信赖关系，从这样的观点出发思考表扬方式就不会出错。

9 孩子对学习失去了自信,该怎样鼓励他?

> 带孩子打好牢固的学习基础,首先请在"读、写、算"上下足功夫。

孩子对学习失去自信可能有各种各样的原因,但父母应该很容易想到,"学习吃力"导致成绩不好是主要原因之一。孩子或许还有"跑不快""不会游泳"等体育方面的苦恼,以及"交不到朋友""插不进话""不擅长与人交谈"等人际关系上的苦恼。近年来,孩子们的苦恼多与网络有关,这一点要引起注意。这些苦恼都会让孩子失去自信,觉得自己什么都做不好。但是,一个人不可能做好所有的事情。

无论如何,总还是有机会让孩子找到自信的,哪怕孩

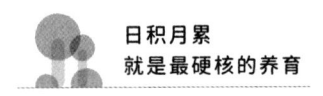

子仅仅在某一方面能做到比别人好或者和别人一样。可是仅在某一方面有优势并不能让孩子一直保持自信心，比如一个孩子游泳相当厉害，虽然在泳池里有自信，但是出了泳池之后不可能一直保持那份自信。就算游泳游得再好，如果在课堂上解不出数学题，那份自信也会在转眼之间烟消云散；就算跑步特别快，如果在课堂上写不出字来，自信也还是会消失。对于要过校园生活的孩子来说，如果学习基本功不足，哪怕在其他方面有自信也还是会令人担心。所以，请父母和孩子在"读、写、算"上下足功夫。

"读、写、算"是只需多加练习就一定可以有所提高的技能，而且就算父母不擅长，也可以陪伴孩子一起练习。在练习上需要孩子有点儿毅力，如果有父母陪在旁边，孩子一定可以坚持下来。随着学习基本功一点一点地得到夯实，孩子的脸上也会慢慢浮现出自信的笑容。

第 2 章
如何智慧沟通，调动孩子的积极性

10 在孩子说话时总是习惯性地打断他，该怎样倾听孩子呢？

> 倾听孩子的秘诀就是，无论孩子说什么，父母都要津津有味地听。

对于大人而言，孩子的话会让人听得烦躁，觉得他"翻来覆去在说一件事""荒唐无稽""不知所云""啰唆"，所以父母往往会打断孩子的话，说："你要说到什么时候？""别说了！""我正忙着呢！""待会儿再说吧！"孩子其实特别希望父母能听自己说话，这时候父母告诉他"我不想听了，你别说了"，他会伤心的。

孩子可能会想："谁肯听我说话呢？"但除了父母也没有谁了，所以改天他又会缠着父母说"听我说、听我说"，如果再次被打断，他会再一次失望，反复多次之后，孩子

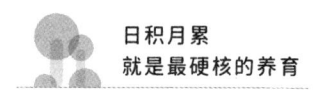

就不会再找父母说话了，以避免被打断的不愉快。等到孩子长大一点之后，父母又会开始抱怨说："最近我家孩子不爱说话了。""问他，他也只是说没什么。"其实，这分明是父母在孩子诉说欲望强烈的时候却不肯听他说导致的。尽管是亲子关系，孩子和父母其实也还是独立的个体，通过交谈实现互相理解是很重要的。

要解决这一问题，秘诀就是无论孩子说什么，父母都要津津有味地听。父母有时可能也很累，但还是请坚持认真听孩子说完，只需要一边使用"嗯！""好有趣呢！""然后呢？"这三句"台词"，一边时不时地点头附和着听就可以了。听过记不住也没关系，因为孩子最在意的是你倾听的态度。

第 2 章
如何智慧沟通,调动孩子的积极性

11 总是搞不懂孩子在想什么怎么办?

> 尽量不要问"你在想什么"之类不识趣的话。

一个人不可能洞悉另一个人的所思所想,即便是亲子关系,也是如此。最重要的是父母多多留心,因为孩子可能不希望被父母过度关注,父母或许也不想被孩子察觉自己在关注他。此外父母需要注意,人不仅在开心的时候会笑,难过的时候也会笑;而且人也不只在悲伤的时候会哭,高兴的时候也会喜极而泣,所以不要仅凭外在浅层的表情做出判断。当搞不懂孩子在想些什么的时候,请尽量不要问"你在想什么"之类不识趣的话。

这时候需要的是心照不宣,不要深度干涉孩子的内心

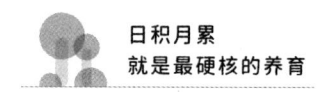

世界，毕竟不是所有的事情都可以拿来公开讨论的。可能过了半年，父母就会突然发现："哎呀，原来那时候他想的竟然是这件事。"

但父母也要注意，现今社会校园欺凌问题比较严重，如果发生这种事，父母要进行深度干预，保护好自己的孩子。请告诉孩子，他的世界还很小，只限于家和学校，等长大后进入社会，他的世界就会变得宽广，也一定会找到可以快乐生活的地方。

不要像侦探一样刺探孩子的所思所想，相反，父母可以随意地吃着点心，和孩子漫无边际地聊天，试着用这样的办法走进孩子的内心。这时候，父母要善于倾听，多多鼓励和认可孩子，绝对不要否定孩子，让他尽量畅通无阻地表达自己。

12 如何把握亲子之间肢体接触的分寸呢？

> 亲子之间的肢体接触很重要，如果孩子要求一个拥抱，请放下所有的事情抱抱他。

请紧紧抱住孩子，直至孩子嫌抱得太紧。从孩子呱呱坠地起，父母就开始给他洗澡，带他玩耍了，如果这时的孩子要求抱抱，父母再忙也要抱抱他。到了小学高年级，孩子长大了，也许会意识到不能再要求抱抱了，哪怕父母提出来，他也会拒绝。

在我孩子小的时候，只要他们提出要抱抱，我就会放下所有的事情抱抱他们。我常常暗自思忖：也许用不了多久，孩子就不会再这样向我要抱抱了。有时我在厨房做饭，孩子也会跑过来说"抱抱、抱抱"，我就会用左手抱住他，

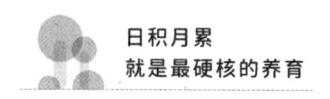

右手拿着筷子或煎铲继续做饭。孩子被抱起来，就能看到我做饭的情形。不过，随着孩子渐渐长大，我用左手抱起他会慢慢感到吃力，左手腕会被孩子压得难以支撑。我感到诧异，称了称孩子的体重，才发现他都长到13.5千克了，我终于明白我左臂的最大承重能力就是13.5千克。人家的极限是多少呢？我很喜欢单手抱着孩子让他看我做饭，但很遗憾，因为孩子越来越重，我已经力不能及了。虽然我也想锻炼臂力，但因为没有时间，只好放弃。后来我的儿子们成了高中生，有时候依然会从背后抱住我，把脸贴在我身上开玩笑说："哈哈，我们都好爱好爱妈妈——"我便和他们笑闹着说："啊，快住手。"

我会情不自禁地怀念这些往事。那些快乐的时光一去不复返，所以我会庆幸自己曾经竭尽全力地珍惜过和孩子之间的肢体接触。我上大学的女儿至今还经常和我一起洗澡，也可以说至今依然延续着亲子之间的亲密接触。

第 2 章
如何智慧沟通，调动孩子的积极性

13 该怎样处理孩子之间的争吵？

> 请认真听一下他们各自的理由，教给他们化解争执的好办法。

首先要把双方的理由全部听完。比如兄弟之间吵架，总是先听哥哥辩解是不公平的，弟弟会对这种不公耿耿于怀，所以请让他们轮流讲述，这次哥哥先说，下次就让弟弟先说。哥哥为自己解释时，弟弟可能会插嘴说："你说得不对！"如果父母默许他这样做了，哥哥就会反驳，兄弟俩又会发生口角，局面就会变得一发不可收。针尖对麦芒只会让事态继续恶化，所以要告诉孩子们，某一方解释的时候，另一方必须老老实实地听着。

父母在听两个人讲话的时候，不要发表诸如"你是哥

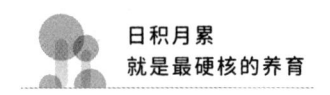

哥，应该让着弟弟"之类的意见，只需从头到尾坚持听他本人说完并表示自己在听就可以。孩子吵架很少是完全因为哪一方不好，但我认为最好还是不要"各打五十大板"。哥哥和弟弟对半担责看似公平，但如果认真追究起来，也很可能责任是六四开或三七开，总是对半担责会让双方都产生不满。父母要认真听一下他们各自的理由，教给他们化解争执的好办法。也可以指出一方没有解释清楚的想法，告诉另一方："他这样说，我想可能有别的原因。"要告诉他们双方都有对有错，一来二去孩子们也就冷静下来了。父母不要在这时说一些与事实没有任何关系的大道理，比如"因为你是哥哥""你是弟弟啊""你们吵死人了，差不多得了""让邻居听见丢不丢人"等，这些话解决不了任何问题。父母不要用敷衍了事的结论来结束争吵，而是要认真倾听双方诉说，做出公正且有温度的裁判。

第 2 章
如何智慧沟通，调动孩子的积极性

14 批评孩子的时候，要注意些什么？

> 重要的是不要情绪化地发脾气，冷静思考之后再对孩子讲道理，让孩子意识到自己错在哪里。

重要的是父母不要情绪化地发脾气。在育儿过程中，睡眠不足、家务事多、没有自己的时间、体力消耗等问题经常会让父母的精神饱受折磨，身体也可能会相当疲惫。在这样的状态下，孩子的一点儿小错就会惹怒父母，这很容易让孩子觉得父母不讲理。当父母想发火的时候请先闭上嘴，用鼻子深呼吸吧。这种时候只要张嘴，伤害孩子的话就会脱口而出，所以要先让自己冷静下来。父母本来就比孩子年长几十岁，冲着一个小孩子情绪化地发泄有失体面。

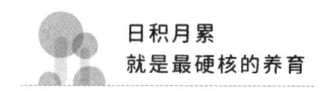

如果让自己想发火的事情有 10 件，那就看看这其中有没有 1 件让自己非发火不可的事吧。另外还要注意声音大小，有些爸爸尤其需要注意，不要动不动就大喊大叫吓到孩子。爸爸也许会觉得自己是长辈，这样的态度也无可厚非，但是在孩子眼里这样做可就太不理智了，何况还会让孩子觉得你是一个不值得尊重的大人。有些妈妈发起火时声音会变得尖利高亢。现实是，这样说话无论如何都不会触动孩子。

所以父母还是要冷静地讲道理，将自己的想法对孩子说明，让孩子理解，避免让自己变得情绪化。

第 2 章
如何智慧沟通，调动孩子的积极性

15 父母跟儿子和女儿的相处方式是否该有区别？

> 跟孩子的相处方式应该是不区分性别的，父母应该把孩子当作独立的个体好好爱护。

过去人们经常说"男孩子不能哭""女孩子要文静"等明确区分性别的话，而这些话如今依然被提起，真让我感到吃惊。父母不必区分孩子的性别，要把孩子当作独立的个体好好爱护，我认为这样才是对与孩子相处方式的正确理解。我带大了 3 个儿子和 1 个女儿，仔细观察下来，我发现即便育儿方法相同，他们各自的成长也还是存在差异。以我贫乏的经验来说，我认为在孩子小学六年级之前可以不区分性别，采取相同的育儿方法。

如果过分强调性别差异，孩子可能会产生一种复杂的

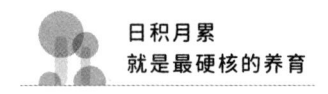

情感，或者感觉自己受到偏爱或者感觉自己不被偏爱。等上了初中，孩子的心理会有较大的成长，慢慢就能从多个角度理解这件事了。但不管怎么说，男孩与女孩身体上的变化会越来越显著，父母还是需要改变与他们的相处方式。但不要因为是自己的孩子就过分关注，父母只需认为所有的孩子都很可爱，不必想得过于复杂。

我的儿子们很少说起学校里发生的事情，但是女儿会告诉我很多。我的儿子们都已走上了社会，我和他们朋友的妈妈一起吃午饭时问："你家儿子还好吗？"她们异口同声地回答我："完全不联系，应该还活着。"听了这话以后，大家总是哄堂大笑，有种"儿子也就那么回事儿"的感觉。

解决这个问题的秘诀就是要在育儿过程中享受孩子们的成长，让育儿变得快乐。

第 2 章
如何智慧沟通，调动孩子的积极性

16 父母该如何改正唠叨孩子的习惯？

> 如果你想说的事情有 10 件，那就把其中的 8 件咽回去吧。

说起来，父母总是"唠唠叨叨"确实会破坏家里的气氛，而且一成不变的批评方式也会让孩子心烦，起不到什么好效果。这样做不仅对谁都没有好处，而且还会让所有人心情暗淡。孩子似乎希望父母能够自己意识到并一直在等待这一天，然而遗憾的是，这一天可能需要等到孩子长大成人，能够客观看待父母的时候才能迎来。

父母在什么样的情况下会忍不住要唠叨呢？大概是在说了孩子好多遍都不听、孩子采取对抗态度、孩子迟迟不肯开始学习的情况下吧。育儿的目标是将孩子培养成能够

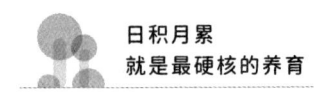

自觉行动的大人，这是需要时间的。父母要有耐心让孩子经历漫长的时间去自我醒悟。

不光是孩子，我们大人在被人唠叨时也会泄气，所以父母还是不要唠叨的好。父母想要唠叨孩子的事情肯定有很多，如果有 10 件，那就把其中的 8 件咽回去吧。毕竟全部说出来也达不到想要的效果，还会破坏家庭气氛，不如咽回去几件，等孩子长大再说吧。

第 2 章
如何智慧沟通，调动孩子的积极性

17 孩子闯祸后，我该严厉地批评他吗？

在批评孩子之前，请先在心里想好措辞。

问题的关键在于，孩子闯了什么祸？父母想对他进行"严厉"到什么程度的批评？任何事情都不能采取"一刀切"的做法。

父母对孩子的要求是在父母的常识、道德观、经验等因素的影响下形成的，因此父母也应该时时刷新自己的思想，永远不要强行代入自己小时候的标准。

对眼前这个因为闯了祸而垂头丧气的孩子，父母要在言辞上注意避免往他的伤口上撒盐，要选择能让孩子反省并产生积极性的措辞。此外，父母应该经常思考怎样对孩

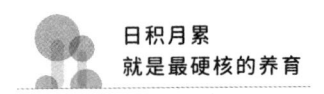

子说话。如果父母经常在情绪的左右下口不择言，就会伤害孩子并击溃孩子的上进心，也会让亲子间的信赖关系产生裂痕，所以需要特别小心。而且父母要注意不能只站在自己的立场上说话，即便是亲子之间，也要以平等的身份相处。

养育孩子太不容易了。别看孩子是个小不点儿，他也是一个独立的个体，如果父母太自以为是，尽管你是成年人，也会被孩子抓住弱点，孩子是丝毫不容小觑的。

第 2 章
如何智慧沟通,调动孩子的积极性

18 在批评孩子时,有没有什么行为是父母绝对不可以做的?

> 绝对不可以做的就是拿孩子进行比较。

我把父母批评孩子的主要内容总结如下,父母们看看有没有被说中呢?

1. 拿孩子进行比较:与孩子的朋友比分数,与其他兄弟姐妹比分数,和周围的孩子比所学特长的进度。
2. 因为结果不符合父母的期待而批评孩子。
3. 不问过程、不分青红皂白地批评孩子。
4. 孩子哭的时候,不问为什么哭,而只是批评哭这种行为。

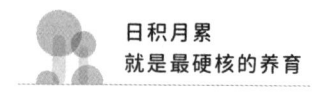

5. 列举孩子的缺点来批评孩子。

其中拿孩子进行比较最为严重。在教育孩子的过程中一旦开始比较，就会没完没了。因为在孩子的事情上可以进行比较的内容数不胜数。孩子出生后可以跟别人比较的东西很多，比如身高、体重、发育的快慢、撤掉尿布的时间、学前教育的程度、运动会上赛跑的名次、对食物的喜好、字写得好坏、上课时是否积极举手发言、游泳的表现、钢琴课上弹的曲子、考试分数……我认为，在教育孩子的过程中一旦开始比较，父母就会堕入深渊。其实没有一件事情是需要比较的，但对父母而言很难做到任何事都不比较。因为父母很容易在不知不觉中拿孩子进行比较，所以要将"比较"这一概念从脑子里赶出去。

其他对孩子的批评都是源自父母优先考虑自己的心理，所以下次想批评孩子的时候请先深呼吸。想一想你小的时候，有没有因为受到不问青红皂白的批评而愤愤不平或孤立无援过呢？父母有责任不让自己的孩子经历同样的感受。

19 父母可不可以对孩子表达自己在生活或职场上的不满？

> 父母向孩子发牢骚，会让沟通陷入僵局。

孩子应该不会希望听到父母发牢骚和表达不满吧？因为孩子本来就对邻居、亲戚、父母的朋友和职场之类的事情没什么兴趣，而且这些话题都是发生在大人世界里的，孩子是理解不了的。我猜孩子可能都不知该怎么附和，更别说回应了。

等孩子上了初中或高中，对这些事多少能理解一些，但依然会为如何回应犯愁。看到父母的情形，孩子一方面想表达自己的理解，另一方面心里也会想："要是我被那样说，也会有这样的感受。"

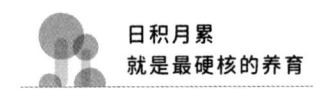

人在发牢骚和表达不满时，其实是希望对方倾听自己，并与自己保持同一立场，如果孩子没有技巧地回应说"妈妈做得也不对"，那母子俩可能就会吵起来。

牢骚和不满的起因往往是情绪，要化解情绪很麻烦。对孩子说起连大人都觉得麻烦的牢骚和不满，会让沟通陷入僵局。建议父母还是在和关系好的朋友一起吃午饭时淡淡地聊一下自己的心事吧，如果对方跟自己立场相同，很可能会理解自己。但是有一部分人认为被迫倾听他人没完没了的牢骚和不满是痛苦的，是令人难以忍受的，而且是对时间的浪费。

反反复复诉说牢骚和不满，自己倒是轻松了，但听的人可能会觉得郁闷，所以不仅是亲子之间，在朋友和熟人之间也要多加注意。既然这样，那是不是最好不要对孩子说消极的话呢？偶尔说说也是可以的，应该让孩子多少了解一点儿社会的阴暗面，但说到什么程度，还是应该视具体情况而定。

第 2 章
如何智慧沟通，调动孩子的积极性

20 是否存在一个时间节点，父母该改变与孩子的相处方式？

> 我从孩子上初中时暗下决心，要远远地守护孩子，为他们的成长欢喜。

以我个人的经验来说，好像是从孩子上初中开始的。我家孩子出生之后一直管我叫"mama"①，管我丈夫叫"爸爸"。这个叫法是我在老大出生时规定的。之所以这样规定，是因为母亲是最亲近的人，用最容易发音的"mama"

---

① 日语中妈妈的叫法有很多种。比如ママ、お母さん，而ママ这个词的发音和汉语中"妈妈"几乎是一样的，大多数婴儿最早说的就是ママ，而お母さん则是较为正式的称呼。而孩子到了一定年龄就会改口，从ママ变为お母さん或别的正式称呼，一方面象征自己长大了，另一方面由于同龄人都改口了，如果自己还叫ママ，会很奇怪。——编者注

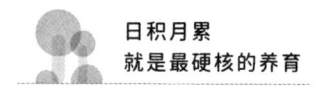

来叫就好了，而我丈夫的思维方式有点儿传统，他觉得叫他"papa"①不合适，所以就叫"爸爸"了。其实，我的这个想法我丈夫也是知道的。就这样，孩子们一直叫我们"mama""爸爸"。可是一升入初中，孩子们的称呼立刻就变了，长子是从"mama"变成了"妈妈"，"爸爸"变成了"老爷子"；二儿子是从"mama"变成了"妈妈"，"爸爸"变成了"老爸"；三儿子是从"mama"变成"母上"，再变成"mother"（在初中到高中期间发生了两次变化），从"爸爸"变成了"老爸"；女儿则一直称呼我们"mama""爸爸"，从未改变。长子在上小学高年级时，我也曾想过应该不会一直都被孩子叫"mama"，但也想不出好的叫法，就没有管它了，结果长子上了初中没做任何解释立刻改口叫我"妈妈"了。我对此很是吃惊，却始终没有问过原因。

我想，也许是孩子们上了初中之后看到周围朋友的情况，从意识上发生了变化，或者有人对他们说了什么。反正我什么也没问，就让它一直是个谜吧。孩子们自然而然

---

① 日语中，爸爸的叫法有很多种，比如パパ，发音类似于"papa"，而对爸爸的这种叫法孩子使用的比较多，成年人基本不用。——编者注

第 2 章
如何智慧沟通，调动孩子的积极性

地改口不再叫"mama"，也让我感觉他们长大了。从那时起，我就一步一步地后退远离他们了，直到他们成长为高中生、大学生，最后成为社会上的一分子。要说不失落是不可能的，但是在孩子身后一直守护着他们长大成人，自己在这个过程中慢慢老去，本来就是为人父母的责任，所以我也就释然了。

暗下决心远远地守护孩子，为他们的成长欢喜，这就是我关于这个问题的回答。不过，孩子长大了，父母也终于重新拥有了自己的时间，所以考虑一下如何快乐地过好自己的人生吧。

第 3 章

如何提供支持，让孩子拥有底气

第 3 章
如何提供支持，让孩子拥有底气

1 生活在市中心，没办法让孩子尽情玩耍跑动怎么办？

> 找找看有没有像体操班、游泳班等运动方面的兴趣班吧。

对孩子而言，有规律地做运动固然重要，但单纯地玩耍跑动也同样不可或缺。一些父母认为光让孩子学习就能多做很多习题集，只有这样才能提高效率，但实际上"只学习"的效率是非常低下的。孩子在一天天地长大，最重要的还是让他多锻炼身体。

运动需要花费时间，那学习的时间自然就会相应减少，但这并不意味着长时间的学习就好。学习时间因为运动减少了，但在变少的时间里集中精力学习，孩子会学得更有兴致。既然孩子进行运动的场地不好找，那就看有没有

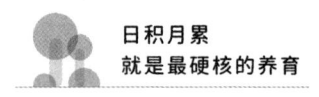

像体操班、游泳班等运动方面的兴趣班吧。这样做会花一笔钱,但为了保证孩子的健康成长,请父母务必重视孩子的运动。如果学习太忙,孩子没时间去上运动兴趣班,父母和孩子一起散散步也是好的,哪怕每天只有20分钟也可以。

第 3 章
如何提供支持，让孩子拥有底气

② 孩子不擅长整理房间，他的房间转眼就一片狼藉怎么办？

> 如果房间乱了，父母就和孩子一起整理吧。

我从未要求过孩子"去把房间整理一下"。在孩子们小的时候，我都是让他们尽情玩耍，然后我来帮他们收拾房间。等孩子们长大一点儿需要学习以后，收拾房间也基本都是我在做。孩子们上了高中之后也是一样，但我会让他们把自己的笔记本和课本整理到一起，方便下次使用。无论学习还是玩耍，如果孩子脑子里一直惦记着结束后还要收拾整理，大概就很难尽兴了。

当一个孩子正在一堆玩具的包围下玩得尽兴时，我实在不忍心对他说："玩完以后把房间收拾一下。"就算收拾，

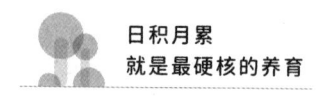

父母的大手也绝对比孩子的小手麻利，所以我还是希望父母帮孩子整理。房间如果像样板间一样干净整洁固然令人神清气爽，但只要人开始思考，周围就必然会变得杂乱无章，而且越是深入思考越是需要用到本子、书、便笺、记笔记的文具等，房间也就会越乱。

但如果孩子的房间乱到无法下脚会对健康不利，那么还是和孩子一起整理吧。如果不和孩子一起做，等收拾完，孩子很可能就这也找不到，那也找不到，所以请一定和孩子一起做。

在我们家，基本都是我在收拾，但孩子们上了大学之后依然能把生活安排得井井有条，这真是不可思议。孩子会根据自己的需要安排自己的生活，所以我认为孩子18岁之前在父母身边生活的阶段，父母还是要帮孩子整理房间的。

第 3 章
如何提供支持，让孩子拥有底气

3 一家人很难凑在一起吃饭怎么办？

> 提前规定好吃饭时间，不必迁就晚归者的时间，能赶上的人在一起吃饭就好了。

我们家也是这样，只有周日全家人才能凑在一起吃顿饭。当今时代一家人聚齐尤其不易，毕竟跟从前相比，一些父母经常要加班，孩子们要忙于功课和兴趣班，这也是没有办法的事情。不过我认为，如果因为等某个晚归者而推迟吃饭时间，让其他人等着就不合适了。毕竟其他人也有事要做，所以还是赶紧吃完饭为好。提前规定好吃饭时间，赶上的人一起吃就好了。

我们家是把客厅当成书房，吃饭也在客厅，客厅旁边是开放式厨房，放学晚归的孩子就在客厅正中央吃饭，兄

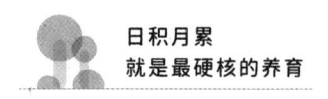

弟姐妹们在稍远点儿的书桌旁学习，所以晚归的孩子也不会"孤独"用餐的。兄弟们看到他一个人吃饭，有时还会说"我也想再吃一点儿"，和他坐到一起吃。像海螺小姐[①]那样一家人聚在一起边吃饭边聊天，这样的场景真是太美好了，但是没有必要把其他家庭吃饭的情景当成自家的范本。我认为一家人聚不齐也没关系，但也有一些需要注意的事项，比如孩子吃饭推迟时，父母不要说"你先吃，我先去洗个澡"，这样孩子可能会产生孤独感。父母虽然不吃了，也要坐在独自吃饭的孩子旁边，喝点茶陪着他，因为孩子在空无一人的房间里独自吃饭味同嚼蜡。

[①] 海螺小姐是日本女性漫画家长谷川町子于1946年发表的四格漫画《海螺小姐》（サザエさん）的主人公。2013年，《海螺小姐》动画版被吉尼斯世界纪录认证为"播放时间跨度最长的电视动画片"。——译者注

4 孩子的朋友不多怎么办？

> **朋友不多也没关系，有一两个就够了。**

既然是"不多"，那就意味着不是完全没有。如果一个朋友都没有或许有些麻烦，因为孩子会感到孤独，但如果是没有很多朋友就没关系，孩子只要有一两个朋友就足够了。在校园生活中，人际关系方面有很多难以处理的事情，据说特别是女孩子容易有些情感上的纠葛。我也听说过，有些孩子形成小团体，有的想加入，有的被排挤，虽然是小孩子，但他们也会对这些事情感到厌恶。话说回来，就连父母的朋友圈里也会有这些烦心事，很是令人无奈。

无论孩子还是大人，在人际关系上都需要注意以下事

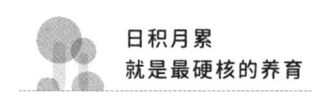

项：不要交往过深，不要过于依赖他人，家里的事情不要对别人讲太多，升学考试时不要谈论成绩和报考学校等话题……在育儿过程中，父母们之间能互相帮助实属难得，但是热情的人和内向的人往往都会有负担。遇到有人求助时，做不到的时候要明确告诉别人自己做不到，如果非要勉强去做，很可能会导致人际关系出现裂痕。

孩子也在认真观察父母建立人际关系的方式，所以很容易建立和父母相似的人际关系。

如果孩子的朋友不多，就和为数不多的朋友友好相处，但不要过于亲密。请告诉孩子，现在的朋友大概率会在某个阶段和你分开去不同的学校，很难成为一辈子的朋友，就算有点儿不愉快的事也不必太过烦恼。女孩子动不动就会说"我们做一生一世的朋友吧"这种话，实际上这样的概率微乎其微。**快乐生活的秘诀之一就是不去为人际关系过分苦恼。**

第 3 章
如何提供支持，让孩子拥有底气

5 **对于育儿朋友圈里的意见，该借鉴多少呢？**

只听取十分之一就可以了。

即使听了许多意见，人在潜意识里依然会选择和自己意见一致的那个。简单来说，每个人都希望自己的想法得到认同，在表达了自己的想法之后，我们都希望对方说："嗯！对啊，我也这么认为！"常言道"听话听一半"，我认为育儿朋友圈里的意见只听取十分之一就可以了。

在育儿朋友圈里提前获取对育儿有帮助的产品信息会很方便，有的妈妈对这方面的信息了如指掌，但绝对不要找她们倾诉家庭生活方面的烦恼，商量升学考试时也绝不可以说出具体的学校名称。不过，多了解一些学校里的信

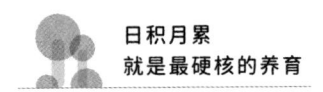

息还是有好处的，所以偶尔也要和她们一起吃个饭，这样就能了解孩子学校里一些出人意料的情况。应考方面的苦恼要向老师咨询，而能放心地商量各种家长里短的人大概只有自己的父母了。但是父母和自己又不是一代人，能否胜任这一角色还是个未知数，这样做很可能会以心烦意乱告终。

我想，最好的办法就是读书了。虽然书归根结底也是他人的意见，未必就能奏效，但我们可以从中获得启发。总之，人生是原创的，不要从他人的意见中寻求答案，最好的办法应该是从书中获得灵感。

6 让家里的老人帮忙带孩子，合适吗？

> 家里的老人也有他们自己的人生，请不要忘记常怀感恩之心。

父母在需要工作的情况下，把孩子交给家里的老人帮忙带，具体利弊如下：

好处

- 把孩子交给家里的老人比交给保育机构更让人放心，比如在应对孩子的过敏反应、喜好、生病和受伤时的处理等方面，老人毕竟会更加用心。
- 老人可以帮忙接送孩子去幼儿园。
- 加班时不必担心孩子没人照顾。

日积月累
就是最硬核的养育

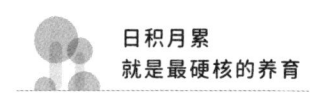

弊 端

- 老人对教育和修养的理解与年轻人不同。
- 孩子会过于亲近老人。
- 剥夺了老人的时间。

绝大多数拜托老人照顾孩子的情况是因为父母都需要工作。老人也有自己的想法，而且他们的余生越来越短，所以我认为应该避免将照顾孩子的事情强加于他们。难道因为父母都要出去工作，充实自己的人生，就要老人做出牺牲吗？可能一开始老人也会被孩子的可爱打动，很开心地答应下来，但是随着孩子一天天地长大，他们也越来越照顾不过来。而孩子也会步入顶嘴和叛逆的年龄段，这时候老人未必不会口出怨言："我们这么辛苦算什么呢？请把我们付出的时间还给我们。"所以父母还是有必要找到一个万全之策，与老人敞开心扉好好商量一下。而且把孩子托付给孩子的祖父母还是外祖父母也是个重要的问题。如果父母有一方不用工作，又能得到老人的帮助，那可真是太幸运了。

第3章
如何提供支持，让孩子拥有底气

不过，父母有一方不用工作的情况要注意以下问题：每天把孩子交给老人的时间段，吃饭问题，对幼儿教育的理解，老人何时出去旅行或购物……每个家庭都有数不清的问题需要考虑。不要利用老人的善意，而是要考虑到包括爸爸、妈妈、孩子、爷爷、奶奶……在内的全家人的人生，大家都作出一点儿让步，共同守护孩子的成长。当老人提出不愿照顾孩子时，父母绝对不要心生怨恨。不要忘记，孩子本就应该由父母双方协力抚养，老人也有他们自己的人生。抚育孩子的过程中，无论如何都有接受他人帮助的时候，所以请不要忘记常怀感恩之心。

请考虑好以上问题之后再请老人帮忙吧。

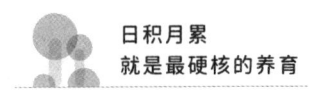

7 经常给孩子吃速冻食品,是不是不好呢?

> 请思考一下速冻食品的优缺点。

建议不要考虑这样做是好还是坏。如果因为依赖速冻食品而感到内疚,说明认为家里的饭菜应该亲手做的想法根深蒂固。

那么,我们就来探讨一下速冻食品的优缺点吧。

优 点
- 省事,仅使用微波炉就可烹制。
- 便宜。

第 3 章
如何提供支持，让孩子拥有底气

- 便于保存。
- 不会弄脏厨房。
- 随时想吃饭就能迅速做好。
- 什么时候吃味道都不会变。

缺点

- 孩子无法看到父母做饭的样子。
- 速冻食品有添加剂。
- 做饭会有强烈的偷工减料感。
- 速冻食品称不上是"家的味道"。
- 因为太省事，所以会经常吃。

在家里吃饭有益于家人的健康，能给全家人提供一起吃饭的机会，会让孩子长大离开家时怀念家的味道。但我并不会逼迫忙碌的父母们尽量亲手做饭，既然父母们认为在自己的生活中使用速冻食品能让自己身心愉悦，那就光明正大地使用吧，不必有负罪感。

等到育儿不需要消耗太多精力的时候，我希望父母们

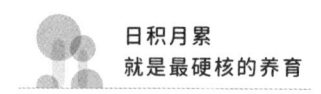

还是多亲手给孩子做饭。速冻食品是口味固定的食品，虽然也很好吃，但毕竟不是"家的味道"。我经常听人说，等孩子长大后遇到痛苦的事情时，只需要吃到"家的味道"就能振作起来。所谓"家的味道"，就是只有父母才能烹饪出的全世界独一无二的味道。食物的味道不仅仅是味蕾感知到的味道，也是父母烹饪时散发的味道，包含着彼时父母的身影、话语以及烹饪过程中让孩子品尝味道等美好的回忆。但是速冻食品做不到这些。人在一生中要吃许多次饭，所以我还是希望父母们能重视一下。

第 3 章
如何提供支持，让孩子拥有底气

8 在日常养育中，父母应该陪孩子玩些什么？

> 孩子 6 岁之前可以多陪他玩过家家，玩卡片类、棋类游戏，在户外玩耍；上小学之后应该安排更加丰富多彩的户外活动，或者安排一些有趣的家务。

孩子 6 岁之前，父母可以利用玩具陪他玩过家家，玩扑克、卡片，下跳棋、奥赛罗棋①、象棋、围棋，以及去户外玩。

---

① 奥赛罗棋又叫翻转棋、黑白棋、正反棋或苹果棋，在日本很流行。游戏通过相互翻转对方的棋子，以棋盘上谁的棋子多来判断胜负。黑白棋是 19 世纪末英国人发明的，直到 20 世纪 70 年代日本人长谷川五郎将其进行发展和推广，借用莎士比亚名剧《奥赛罗》为这个游戏重新命名。——编者注

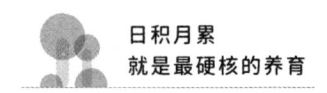

随着孩子的身体越来越强壮，父母可以和 6 岁以后的孩子一起打棒球、骑自行车、跳绳等。等孩子运动能力变强之后，就可以多安排许多以前做不了的户外活动，建议父母按照春、夏、秋、冬四季的不同特点陪孩子玩。春意盎然时带上便当去看樱花，樱花随处可见，可以边散步边赏花；炎炎夏日里可以去看烟花、吃刨冰、戏水；金秋时节可以收集变红的树叶、采集橡果；日本不同地区的冬天差异很大，滑冰、滑雪对小学低年级的孩子来说难度太大，可以和孩子在暖洋洋的家中一起做些美食。我比较推荐做面包、包饺子、做咖喱饭、炖菜等，因为这些食物做起来比较简单，孩子在父母的监护下做也不会有什么危险。

其实对孩子而言，帮父母做家务就可以成为快乐的游戏。父母可以提前帮孩子积攒一些保鲜膜的纸芯、牛奶盒、饮料瓶、风筝线、签字笔、塑料胶带、纸胶带、折纸之类的东西，材料凑不齐很难玩得尽兴，所以准备工作很重要。

第 3 章
如何提供支持，让孩子拥有底气

9 孩子上兴趣班总是坚持不下去怎么办？

> 找出三样孩子可能坚持下去的兴趣。另外，每个孩子的体能不同，不要勉强。

父母最好提前确定孩子要学到什么程度和学多长时间。父母大概率不会把兴趣班放在比学习更重要的地位并让孩子把它当成一生的工作，所以把兴趣班当成孩子未来快乐的回忆就好了，孩子坚持不下去也不必太苦恼。毕竟许多孩子都有这样的倾向，他们不愿意去上兴趣班，而是更喜欢待在家里看书。

不过也有一些孩子虽然极其讨厌上兴趣班，但在父母的唠叨下不得已将兴趣坚持了下来，长大之后却成了他们的终生爱好，多年之后他们会很感谢父母让他们坚持了下

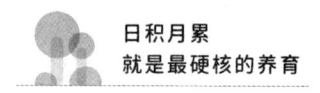

来。所以到底该让孩子"坚持"还是"放弃"真的很难判断。

兴趣班学什么都可以。从小学算起，孩子的校园生活会一直持续12年，所以我希望还是不要轻易放弃那些可能在学校生活中帮助到孩子的兴趣，希望孩子能坚持下来。校园生活需要的兴趣特长大概就是游泳、乐器、体操之类的，也不必全都学，选出3样孩子可能坚持下去的就可以了。

不同的孩子体能差异较大，所以要注意不能勉强孩子，也绝对不能把大哭大叫的孩子生拉硬拽着去上兴趣班。

第 3 章
如何提供支持，让孩子拥有底气

10 应该让孩子帮忙做多少家务呢？

> 不要根据父母的需要吩咐孩子做家务。

孩子正在玩耍或者躺在那里看漫画书，正放松的时候父母突然喊"来把这个做了""这个交给你了"，这是让孩子帮忙做家务时经常会出现的情况。

父母这样做会让孩子很为难，他不得不中断自己正在做的事情去帮忙。如果是孩子自己主动帮忙，他会心情愉快。但是如果父母不考虑孩子的情况，单方面根据自己的需要吩咐他，孩子可能就会有点儿恼火，可是对方又是自己的父母，只好不情愿地去帮忙了。

让孩子帮忙做家务的时候，父母应该给他讲得明白一

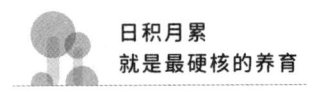

些，比如让孩子帮忙做咖喱饭时，告诉他咖喱饭的烹饪方法和关键步骤。我认为父母不能随心所欲地挥霍孩子的自由时间。

自己开店的家庭里经常会出现把孩子吩咐得团团转的情况，这种情况恐怕就不再是"帮忙"这么温和的说法了，可以说是实实在在的锻炼了。

我基本不会根据自己的需要让孩子们帮忙做家务，因为我不想打扰他们，我希望孩子们的时间能用在他们自己的事情上。

在做饭时，我有时会让孩子们和我一起做，但不会采取让他们帮忙的方式。所幸我家孩子好像都挺喜欢做饭和收拾整理房间的。

第 3 章
如何提供支持，让孩子拥有底气

11 孩子没有特别的爱好，是否应该让他多尝试？

> 人各有不同，请守护好孩子真实的本性。

看到孩子有特别的爱好或者愿意钻研一些东西，每天兴致盎然地忙活着，父母会莫名感到安心。但是也有不少孩子没有什么特别的爱好，也没有愿意钻研的东西。父母不必担心，人各有不同，请守护好孩子真实的本性。虽说让孩子多经历一些是好事，但孩子记不住那么多，所以没必要强迫他东奔西跑。如果硬逼着孩子去做，父母和孩子都会感到疲累，所以最好等孩子长大一些再说。

我家孩子小的时候虽然也会去旅行，但我问过孩子们，两岁之前的事情他们好像都记不得了。我一个人带着孩子

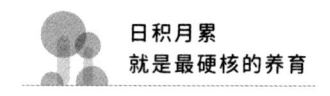

去旅行非常不易，但是孩子那个时候的模样真是可爱极了。对父母而言，那是美好的回忆。虽然父母并不知道孩子对什么感兴趣，我建议父母不必让孩子多去尝试，和孩子共同快乐地经历就好了。

总之，最重要的是父母和孩子都能够开开心心，如果只是孩子自己有兴趣，请尽力支持他。等孩子上了小学，父母就会关注他的学习，也会因为担心他在与学习无关的事情上投入过多的精力而提醒他，但是孩子小学三年级之前，还是请用心呵护他的爱好。如果计划参加初高中一贯制学校的入学考试，那就需要从孩子上四年级起将他爱好和钻研的事物暂时搁置起来。

第 3 章
如何提供支持，让孩子拥有底气

12 怎么才能纠正孩子的挑食呢？

> 不必纠正，建议换成别的食物让孩子摄入营养。

我认为不必纠正。

以孩子讨厌吃青椒为例，如果父母站在"纠正挑食"的角度考虑，就会执着地想办法让孩子喜欢上青椒的味道，最后很可能变成父母强迫孩子吃青椒到了偏执的地步。这样的方式是最糟糕的。孩子其实说不清楚为什么会讨厌吃某些食物，所以最好还是不要强迫孩子。

我家四个孩子也有讨厌的食物，但我也一样把他们都养大了。老大讨厌西蓝花，老二讨厌西红柿，老三讨厌蛋黄酱和沙拉酱，女儿讨厌煎鸡蛋中的蛋白部分，他们共同

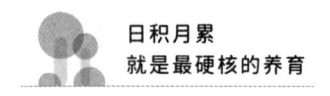

讨厌的东西是牛奶（老二还勉强能喝，其他三人根本不喝）。老大上小学一年级时，每当学校供餐里出现西蓝花他就不去上学。每个月的月初学校都会下发当月的供餐食谱，我就会在这个时候进行确认，在有西蓝花的日子上做好标记，然后让老大请假。看到孩子因学校供餐里有西蓝花而不去上学，一大早就和弟弟妹妹们在家里玩耍，我也会心生疑虑，不知道自己做得对不对。后来我觉得因为西蓝花就不去上学太过分了，于是找孩子的班主任商量，结果班主任说还从未听说过有人因为西蓝花而不去上学的，所以答应了孩子可以不吃供餐里的西蓝花。但是老大现在极其喜欢吃芝麻酱拌西蓝花，这让我感觉那时候的请假简直不可思议。没有人因为不吃西蓝花就活不下去，所以这算不上什么大问题，我也完全没有放在心上，而且也从未想过要让孩子在家里练习吃西蓝花。现在，老二依然讨厌吃西红柿，老三依然讨厌蛋黄酱和沙拉酱（在点汉堡的时候会比较麻烦），女儿现在会把煎鸡蛋全部吃掉。

所以父母不必思考如何纠正，建议换成别的食物让孩子摄入营养。

第 3 章
如何提供支持，让孩子拥有底气

13 孩子背诵乘法口诀比周围的孩子慢怎么办？

> 先不必让孩子理解九九乘法表的基本原理，直接让孩子背熟到能够脱口而出的程度。

九九乘法表是在小学二年级时学习的。不同的学校、不同的老师教授的方法通常也不一样，但基本都是先教完乘法运算的基本原理，再从九九乘法表的第二行教起。

我听人说，背到九九乘法表的第九行需要花费数月时间，所以我常常想，这种先教给孩子其中原理，再让孩子花时间从第二行背到第九行的做法恐怕与孩子普遍的能力不符。理解原理和将乘法表全部背下来哪个更难？或者说哪个更容易给孩子造成负担？我认为全部背下来难得多。所以先不必理会其中的原理，直接让孩子背熟到能够脱口

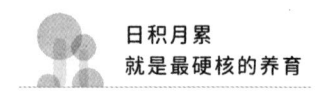

而出的程度。我认为让孩子们像唱童谣那样轻松唱下来就好了。

记住之后再学习其中的原理会快得多，而且也会更轻松。为了让孩子背下来，可以先让他通过儿歌来记住。现在有许多儿歌，让孩子多听几遍，很快就能记住。可以尝试以下方法：

1. 一边看着九九乘法表一边听儿歌。
2. 一边听儿歌一边跟着唱，看不看九九乘法表都可以。
3. 等能够全部背下来的时候，再对照九九乘法表逐一确认。

孩子还小，有时会口齿不清，比如有时候会将4说成"是"，将7读成"吃"，将"4×7"说成"是吃"，背诵乘法口诀对孩子而言真的有点儿难。但只要多加练习，每个孩子都能掌握乘法口诀，所以父母应该帮助孩子练习到能够熟练背诵为止。

14 父母担心孩子迟到，每天早上喊他起床，合适吗？

> 请准时叫孩子起床，不要让他成为一个迟到的人。

完全不需要担心！请每天准时叫孩子起床。

父母的脑海中是不是闪现过"自立"这个词？是不是有认识的其他父母、祖父母、邻居、亲戚对你说过这样的话呢？比如"连这种事都要做，你儿子会成为妈宝的""早晨起床这点事儿必须让他自己来""我家孩子都是自己定好闹钟起床呢"……听了这些话，父母就会暗自苦恼："孩子都这么大了，我怎么能还叫他起床呢？可是不叫的话，孩子又要迟到了……"在育儿过程中，会有人给父母提供各种建议，但是如果事无巨细地照单全收，只会陷入茫然无

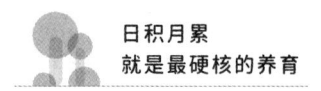

措之中。

无论如何，不迟到比什么都重要。不迟到是成年人社会中最重要的生存法则。首先迟到的人得不到信任，因为得不到信任，所以得不到工作。如果规定的时间是下午2点，迟到的人往往会晚20～30分钟。多数情况下，迟到1小时以上会彻底出局，但迟到20～30分钟还是会得到谅解的，因此迟到的人多数是以各种微妙的方式迟到的"惯犯"。明明早出门半小时就可以，却非要等到最后一刻才开始收拾准备，所以也就会经常性迟到。

迟到意味着让别人等，若无其事地浪费他人的时间是人品问题。像这样的孩子并不少见，而且多数情况下，他们的父母也是爱迟到的人，因为家庭环境的影响，他们认为迟到没什么大不了的。孩子18岁之前在父母身边生活，请父母准时叫孩子起床，不要让他成为一个迟到的人。如果孩子接受过严格的教育，等他长大离开父母之后，也会为了赶时间而自己起床的，所以父母不必担心。

第 3 章
如何提供支持，让孩子拥有底气

15 孩子埋头于初中的社团活动，影响了学习怎么办？

> 请严肃地向孩子说明，如果在初中过于痴迷社团活动，以后的人生选项可能会变少。

孩子或许认为自己正在享受青春。社团活动的确会给人带来快乐，比如体育活动能够锻炼身体，让人获得成就感，文化活动可以和朋友们一起做许多事情。初中生分为需要参加中考和不需要参加中考两种情况，所以分开探讨。

在公立初中，要参加中考才能上高中

- 告诉孩子，如果在社团活动中投入太多时间，影响了学习成绩，中考落榜的概率就会加大，可能会考不上第一志愿学校。

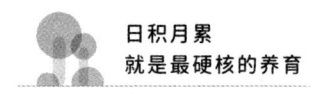

- 要让孩子意识到，他选择了更轻松的生活方式，其实是将社团活动当成了逃避学习的"避难所"。

在初高中一贯制学校，可以直升高中

- 向孩子说明，就读初高中一贯制学校虽然不用参加中考，但如果在初中不好好学习，进入高中后就会落后，不能顺利考入大学。不能将社团活动当成不想学习的借口。
- 设定下次考试的目标成绩，跟孩子达成共识，做不到就要将更多精力由社团活动转向学习。

父母应该严肃地向孩子说明，身为初中生，无论多么想投入地参与社团活动，都要将更多精力投入学习。初高中一贯制学校里如果多次不及格，也会出现无法升学的情况。如果孩子在初中阶段过于痴迷社团活动，接下来的人生选项可能会变少，这是不争的事实。孩子能接受这样的结果吗？要让孩子自己认识到这个问题。

16 孩子不擅长和陌生人交谈，有没有好办法克服这个缺点？

> 不用担心，我认为不擅长和陌生人交谈是因为孩子的性格极其认真。

我认为不需要专门去纠正这种性格。父母希望自己的孩子主动和陌生人攀谈，和任何人都能成为朋友吗？但是我认为这样的人也会给别人带去困扰。

孩子和不熟悉的人交谈也很危险。社会上有坏人存在，所以还是应该告诉孩子不要轻易和陌生人亲密交谈。孩子不会永远是孩子，随着阅历的增长，他的判断力和社交能力都会提升，他就不会再畏惧和初次见面的人进行交谈了。

> 日积月累
> 就是最硬核的养育

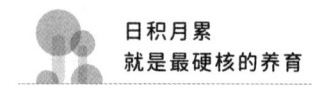

17 应该让孩子用学习软件学习吗?

> 在学习的最初阶段,让孩子快乐学习很重要,所以使用学习软件也未尝不可。

学习软件鱼龙混杂,父母在挑选时务必慎重。对于孩子在刚开始学习的阶段就让他使用学习软件,我依然持怀疑态度。但如果一开始就能让孩子在科目的学习中获得快乐,使用什么都是可以的。需要注意的是,不能只依靠学习软件。

学习需要手握铅笔坐在书桌前开动脑筋用心做题,不付出努力就无法获得真正的实力。在学习的最初阶段,让孩子感觉学习很轻松有助于降低学习难度,但是随着学习难度的逐渐提高,最终还是要付出努力。

不过无论做任何事,在最初阶段获得快乐都非常重要。

18 高考在即，应该如何帮孩子选专业呢？

> 高考不能碰运气，无论大学还是专业，都应该选择孩子能够考上的。

高三学生还很难定格自己的未来，并据此选择大学和专业。这也是可以理解的，毕竟孩子几乎没有任何社会经验。虽然有的孩子会下决心一定要考入某个大学的某个专业，但大部分孩子不清楚将来具体要做什么。高二需要划分文理科，这意味着孩子未来的选项只剩下一半，所以应该从这一半中做出多个选择。

上大学以后，想住在家里还是想住大学宿舍？做好决定之后就能缩小选择范围了。如果实力不够，理想的大学和专业也只能是理想，所以，归根结底还是要从自己能够

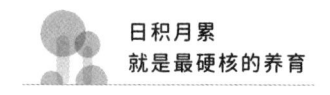

考上的学校里面选择。建议根据孩子模拟考试的平均分来考虑，选择孩子能考上的大学和专业。如果分数不够，就考不上，所以高三也是梦醒时期。

考试没有奇迹，平时解不出来的题到了考场上依然会解不出来。我经常听说有的孩子模拟考试的平均分达不到理想专业的分数线，报考别的专业被录取后一直高兴不起来，但也有一些孩子录取之后拼命学习，意外发现自己很适合这个专业。有的孩子就业时没能做自己想做的工作，做了其他工作之后却发现是十分适合自己的理想工作。

在自己的人生路上奋力拼搏，终将带来幸福的人生。

第 3 章
如何提供支持，让孩子拥有底气

19 希望孩子有正确的金钱观，该如何培养呢？

> **父母的生活方式会形成孩子的金钱观。**

所谓"正确的金钱观"，就是让孩子学会在自己的收入范围内量入而出。赌博或者花自己负担不起的钱购物，这些事情都将毁掉一个人的人生，所以父母都希望孩子能够避免。

简单来说，父母的生活方式会形成孩子的金钱观，所以与其培养孩子的金钱观，不如以身示范。因此，问题在于该如何向孩子示范。"钱"可以用数字具体表示，但如何看待它却取决于个人的观念。比如有的人看到别人靠做了赌博性质的事大赚一笔，或许会想"真不错呢"，然后自

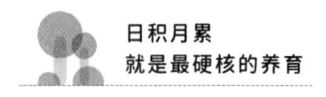

己也去买《靠××赚钱的好办法》这类书,结果自己没赚到钱,出书的人倒是赚得盆满钵满。类似的事情很常见,所以许多人觉得还是得踏踏实实地工作好。

我们无法想象人生会有什么样的机遇降临,但是在遇到这样的机会之前,认认真真地工作更靠谱一点。父母让孩子看到自己在收入范围内量入而出的生活态度就是最有效的以身示范。

不仅是金钱,父母还应该培养孩子方方面面的正确观念,最好的办法就是让孩子接受以基础学习能力为基石的教育,也就是学校教育,然后让他从中学习领悟。

第 3 章
如何提供支持，让孩子拥有底气

20 如何恰当地让孩子感受到父母的爱呢？

> 与孩子交流，也就是日常的聊天很重要。

我认为最重要的依然是交流。就算父母心中充满爱，如果对孩子说难听的话，孩子就会感受不到父母的爱，甚至内心受到伤害。不要以为亲子之间可以通过意会的方式传达爱。从孩子出生的那一刻起，父母就应该留心怎样对他说话。与孩子的交流，也就是日常的聊天很重要，孩子能够从说话的氛围、方式和内容中感受到爱。

那么，父母应该怎样与孩子聊天呢？

首先，不要否定孩子说的话，要津津有味地听。然后还要真心实意地接纳孩子。

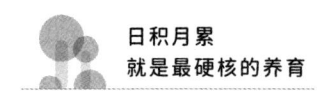

要做到这一点出人意料地难。孩子分为内向型和开朗型，喜欢开朗型孩子的父母占绝大多数，社会上也是如此。如果自己的孩子属于内向型，父母是否有勇气不要求孩子在课堂上积极地多举手呢？当老师说孩子不爱举手时，父母是否能够说"没关系，我家孩子就是这样的性格，他即使不举手也在思考"呢？父母是否能不随波逐流地否定自己的孩子呢？不爱举手的孩子本来就更擅长深入思考。父母应该完全站在孩子的立场上，这样孩子也能从父母的这些言行中感受到深深的爱。

第 3 章
如何提供支持，让孩子拥有底气

21 孩子做了"坏事"，父母应该如何对待他呢？

在任何情况下，父母都应该对犯错的孩子不离不弃。

父母眼中的"坏事"指的是什么呢？最糟糕的应该是"参与犯罪"，轻点儿的可能就是"孩子因为睡懒觉上学迟到了""孩子不好好学习，考试成绩差"之类的。如果是参与犯罪，那可就不是小事了，一定要狠狠地教育孩子并马上找律师和警察进行咨询。我希望孩子们都不要卷入犯罪的事情。在任何情况下，父母应该做的都是对犯错的孩子不离不弃。

孩子一旦做了错事，周围的人可能马上就会对他无情指责，我认为做父母的绝对不可以和那些人站在一起指责

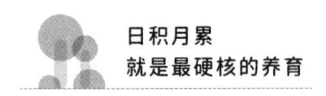

孩子。哪怕自己被全世界的人指责，父母也坚定地和自己站在一起，这对一个要继续生活下去的孩子十分重要。

和孩子站在一起并不意味着总是认可孩子的所作所为。孩子犯错的时候要认真批评教育他，但同时也要认真倾听一下孩子的想法。孩子反复犯同样的错误可能是因为他不肯听话，也可能是因为他在自暴自弃。因为自己犯的错，邻居、朋友、亲戚、兄弟姐妹、父亲、母亲会依次放弃自己、离开自己，大人犯错也会是同样的顺序。

无论如何，孩子最后的"堡垒"都是母亲。如果被母亲放弃，孩子就没有办法找回从前的状态了。我的结论就是，如果认为孩子做了坏事，要告诉他其实谁都会犯错，下次要吸取教训。如果发现孩子没有做什么过分的事，那就不要不依不饶地责怪他。

第 3 章
如何提供支持，让孩子拥有底气

22 孩子对生日礼物不满意怎么办？

> 对孩子而言，生日是一年一度只属于自己的"盛典"，所以父母要认真对待。

孩子可能是在跟兄弟姐妹们的生日礼物作比较。孩子会不会心想："为什么我的生日礼物比哥哥的看起来要廉价呢？"对孩子而言，生日是一年一度只属于自己的"盛典"，所以父母要认真对待，无论如何都要在孩子生日礼物的选择上花点儿心思。孩子在不同年龄段喜欢的东西不同，流行的东西也不同，而且价格相差太大也一目了然，所以父母每次挑选礼物都很头痛吧。

我想象了各种情景，最后决定在每个孩子过生日的时候都买相同的礼物送给所有的孩子。以哥哥的生日礼物为

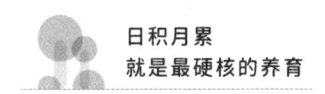

例，孩子们都喜欢新东西，其他的孩子也会对哥哥得到的礼物超级感兴趣，可是这时候即便他们请求哥哥"待会儿借我玩一下"，也很可能因为是刚收到的礼物，哥哥自己也想多玩一会儿，所以迟迟不愿借给他们玩。这样一来，就成了其他几个孩子眼巴巴地望着哥哥开心地玩，那他们是不是太可怜了呢？而且如果家里有4个孩子的话，过生日时就只有1个人开心，其他3个人都不开心，而且这种情况会反复出现。这样一来，礼物反倒成了罪魁祸首。

我希望避免这种情况出现，所以做出了这样的决定——在每个孩子过生日的时候，给所有孩子送相同的礼物。因此我家孩子不光盼着自己过生日，也发自肺腑地期待兄弟姐妹们过生日。虽然多花一点儿钱，但是在孩子们心里留下的快乐记忆是金钱无法购买的。

23 怎样才能培养出一个不灰心、不放弃的孩子呢？

> 父母和灰心丧气的孩子在同一战线，查找孩子想要放弃的原因，和他一起前行。

从这个问题中隐约可以看出"父母的欲望""自私的希望""任性的育儿观"。就拿"不灰心"来说，父母在迄今为止的人生中有没有灰心过呢？人的一生中会经历许多事情，在遇到挫折时也会有灰心丧气不能马上振作起来的时候，但最终还是要找回信心积极生活。如果能在意志消沉的时候认真思考，其实事情也不一定全是消极的一面。

父母要培养的不是让孩子"不灰心"，而是要培养他即便"灰心丧气"也能重新振作起来的性格。父母似乎还希望孩子"不要放弃"，其实这也意味着父母希望孩子不

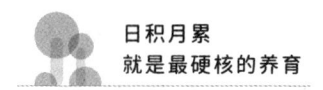

要放弃自己对他的期望，比如"考试成绩虽然不好，不过希望你不要放弃，继续努力学习，争取下次考好""虽然你没有通过游泳课上的考试，但我希望你不要放弃，继续努力"。可是这样要求孩子到底好不好呢？

"我没能成为足球俱乐部里的正式球员，想再努力一次，所以不想去做课外习题了""我不能放弃自己音乐家的梦想，所以就不上高中了"，如果孩子提出这样的要求呢？同样是"不放弃"，孩子希望的"不放弃"是不是正是父母所不希望的呢？归根结底，父母想要的只是一个一直努力学习、考试成绩不好也不放弃学习的孩子吧。希望父母不要只考虑自己，而是在所有的事情上都和灰心丧气的孩子在同一战线，查找孩子想要放弃的原因，和他一起前行。

不过，孩子童年时期也可能会因为生病、烫伤等原因需要长期休养，这时请父母鼓励孩子对人生和康复绝对不能灰心，一定不能放弃治疗。

第 4 章

如何巧妙引导，
让孩子学会自我管理

第 4 章
如何巧妙引导，让孩子学会自我管理

1 孩子不能遵守玩电子游戏的规定时间怎么办？

> 可以换个方式，比如尝试让孩子从星期一到星期六都不玩游戏。

假如孩子都能老老实实地遵守父母的规定，那育儿可就再轻松不过了，更何况面对电子游戏这类容易上瘾的东西，孩子是不可能遵守规定的。如果父母认为孩子会遵守，那只能说父母太天真了。父母希望孩子按照自己的想法去做，但往往事与愿违。

首先必须考虑电子游戏的性质。电子游戏容易让人上瘾，不容易戒掉，而且现在在手机上就可以玩。孩子在自己的房间里用手机玩游戏，父母根本发现不了，所以只能任由他没有节制地一直玩下去。孩子把大量时间用在游戏

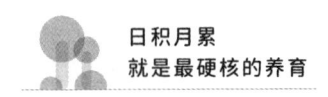

上，自然就不学习了，这样下去，课堂上学的内容逐渐也理解不了，可以预见的结果就是学习成绩下降。在玩电子游戏的环境日益宽松的时代，我认为父母还是应该从保护孩子身心健康的角度，限制孩子与电子游戏的接触。

最好能把家里所有与电子游戏相关的东西全部保管起来，可是父母的烦恼在于根本做不到，那这样就必须思考孩子如何合理地玩电子游戏。父母的目标是让孩子适度地玩游戏，但任何事情适可而止都是最难做到的。父母可以规定孩子星期一到星期六不能玩游戏，把家中与游戏相关的东西统统装进纸箱里，孩子的手机放学后交给父母保管，星期日从早晨起床一直到下午五点之前孩子可以尽情玩游戏。大家觉得这样如何呢？现在的游戏一小时左右是无法玩尽兴的，如果限制孩子只玩很短时间的游戏，最终会让孩子在作业和游戏上都无法获得满足感。哪怕只是星期日能尽情玩上一天，满足感也会更强烈一些。毕竟张弛有度是最重要的，所以强烈推荐父母们尝试一下这个办法。

2 孩子抱怨自己的零用钱比别人的少，能满足他的要求吗？

> 我建议在孩子和朋友出去玩的时候，多给他一些零用钱。

我不知道零用钱少到什么程度会导致孩子不满，所以我建议在孩子和朋友出去玩的时候，另外给他一些交通费、游玩费和餐饮费。

因为父母不清楚周围的孩子都在玩些什么，有的父母就会给孩子一大笔零用钱，但是孩子要多少钱父母就给多少钱是很危险的。孩子在 18 岁之前每年出去玩几次就差不多了，我认为让孩子的零用钱稍微短缺一点儿正合适。请父母提前告诉孩子，暑假里如果他想安排其他的娱乐活动，父母是会给他钱的，让他尽管提出来。

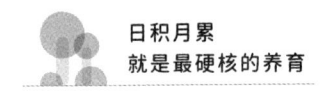

父母给的钱多，孩子自然高兴，但在这个金额内该如何花钱，孩子可能会做出错误的决定，而且孩子不会告诉父母钱花在了哪里，父母也无法监督孩子，这就有可能让孩子养成一些不良习惯，所以父母必须注意。即便孩子上了高中，也主要往返于家和学校之间，对社会上的事情并不了解。孩子尚不成熟，所以应该控制给孩子零用钱的额度，这样父母不在他身边的时候他就不能随心所欲地花钱。如果钱不够，孩子有权利向父母详细说明情况并提出申请，这样才能更好地保护孩子。父母想和孩子明确谈钱，但难以开口的情况也是有的，但父母要明白，这是自己为了家人千辛万苦挣来的钱，所以对给多少零用钱的问题没必要心生歉疚。

我建议父母给孩子的零用钱要控制在自己可以轻松负担的范围之内。

3 孩子经常因为熬夜而白天犯困怎么办?

> 睡眠对孩子来说太重要了,而且他在白天需要保持最佳状态。

睡眠对孩子来说太重要了,孩子经常熬夜会让人很担心。孩子白天要上学、写作业等,这些都是需要用脑的活动,如果不能在白天保持最佳状态会很麻烦。首先需要了解的问题是孩子熬夜的原因是什么。

每个家庭都有自己的具体情况,所以睡眠时间也各不相同,比如我家,孩子们在小学三年级之前都是睡 10 个小时左右,小学四年级之后功课变重,所以小学四年级时晚上的就寝时间改为 22 点 30 分,小学五年级变成 23 点,小学六年级为 23 点 30 分,起床时间一直都是早上 7 点 30 分,

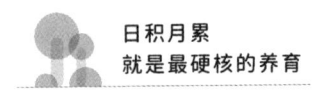

所以孩子们上了小学六年级之后，每天也能睡够8个小时。如果这一星期很疲劳，我就会让他们在星期日睡到中午再起床。

孩子熬夜的两个主要的原因是"玩电子游戏"和"写作业"。孩子如何玩游戏要根据他们所在的年级进行管理，不能听之任之。孩子面对游戏的诱惑会乖乖投降，即使到了就寝时间也会一直玩下去，所以晚上的时间只安排孩子吃晚餐、学习和洗澡，而且要养成习惯。看短视频也可以这样处理。另外一个原因在于学习，我想应该是孩子的学习方法有问题，导致在学习上花费的时间太长，比如去补习班的前一晚集中突击，吃完晚饭后迟迟不开始学习，或者没有制订计划，把握不好该做什么。

父母应该让孩子思考每天拥有多少可支配的时间，定下来睡觉之前做什么，分别做多长时间，严格遵守就寝时间。如果孩子拖拖拉拉结束不了该做的事情，那时间就会向后拖延，这样下去孩子肯定会睡眠不足。

第 4 章
如何巧妙引导，让孩子学会自我管理

④ 孩子想养宠物，要不要满足他的这个要求？

> 如果父母很忙，我建议养不需要太费功夫的宠物。

孩子大概是会厌烦的，每天照顾宠物的人迟早会变成父母。不过我认为，如果父母知道这一点，并做好由自己照顾宠物的思想准备，帮孩子养宠物是件好事。

也就是说，到时候父母会成为和宠物最亲近的人，孩子也能经常和宠物玩耍。许多动物都可以作为宠物，但无论哪一种都是生命，不能想当然地去养。比如养狗，要考虑遛狗、喂食、打预防针、家里没人时怎么办等许多问题。如果只是觉得动物很可爱，只是为了玩，那宠物就会很不幸。家里除了人还有动物，这种感觉无论对父母还是孩子

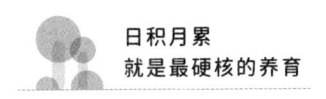

都是一种心灵慰藉,所以一旦下定决心,最好全家人齐心协力地养宠物。如果父母太忙,照顾不过来,那就养不需要太费功夫的宠物吧。

我家孩子有一段时间也是嚷嚷着"想养猫""想养狗",但我觉得十有八九会由我主要负责照顾,孩子们肯定会只坐享其成,所以我就拒绝孩子说:"妈妈办不到。"毕竟照顾4个孩子太累了,我只能作罢。

在我小的时候,我家里养了狗、鹦鹉、文鸟、金鱼、青鳉,照顾它们的是我妈妈。我妈妈很会养宠物,所以小动物们都和妈妈最为亲近。鹦鹉小超不仅会唱童谣《桃太郎》,还会说以"很久很久以前……"开头的故事,这似乎都是妈妈教给它的。直到现在,我都很怀念这些往事。

第 4 章
如何巧妙引导，让孩子学会自我管理

5 孩子每天都吃零食，怎样避免他因此长胖？

> "三点的下午茶"都是过时的说法了，如今的养育理念是"让孩子空腹"。

我担心的不光是长胖，还有营养均衡和蛀牙等问题。孩子们至今依然认为"三点的下午茶"是传统，我却觉得这是过时的说法了。很多年前，因为一日三餐中的肉类和油脂少，热量也不像今天的食物这么高，所以孩子午餐和晚餐之间肚子饿时，就用饭团、芋头之类的充当点心。"三点的下午茶"就是这么来的。

如今的家庭很多时候会把汉堡、西式炖锅、意面、奶酪烤菜、烤肉之类的肉食、碳水化合物、乳制品等作为一日三餐，仅正餐中的热量就已经相当高了，更何况孩子们

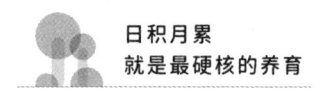

还经常把薯片、巧克力、曲奇等高热量的东西当零食吃。我认为一日三餐的营养对孩子来说基本够了，不需要专门加餐摄入营养。如果中午12点吃午饭，下午3点吃下午茶，等到晚上6点吃晚饭时，孩子小小的胃已经满了，就无法津津有味地进餐了。

常言道"空腹是最好的调味品"，如今的社会，人们买到食物很容易，所以我认为反而应该重视"让孩子空腹"。难道孩子们不是每天都吃零食，厨房里不是总有点心吗？只要家中没有食物，妈妈们就会觉得不安，所以会经常提前买很多零食放入抽屉里，而只要家里有孩子就会吃。孩子稍感到肚子饿就吃薯片，薯片又很好吃，不知不觉就会吃多，这样就不能好好吃晚饭了。长期这样，孩子的营养就失衡了，所以我建议下午3点左右孩子感到肚子有点儿饿的时候，可以给他吃一些不会对晚饭造成影响的小饭团之类的东西。有时也可以吃点心，但嘴里总是含着东西会长蛀牙，所以如何吃也需要合理安排。

第 4 章
如何巧妙引导，让孩子学会自我管理

6 孩子不擅长球类运动，他为此感到苦恼，要怎样帮他？

> 我建议让孩子适当练习，比赛的时候不拖后腿就可以了。

球类运动通常指的是棒球、足球、躲避球[①]、网球、橄榄球、排球、篮球、手球、高尔夫、乒乓球、曲棍球等，孩子们玩的可能主要是棒球、足球和躲避球吧。

初高中的学生会在学校打排球或篮球。团体球类运动只能在实践中学习，所以父母能提前和孩子练习的大概只有棒球中的接球、足球脚法、躲避球中的接抛球。擅长体育的孩

---

① 躲避球起源于英国，随着欧洲移民新大陆在 1900 年左右盛行于美国。1902 年，日本留美归国学人将躲避球运动引进日本，由于其运动价值深受肯定，于 1913 年起被列入日本学校体育教学大纲。——编者注

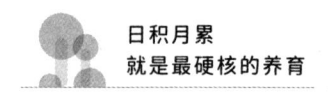

子什么运动都能做得很好，所以由他去就好了。不擅长的孩子建议适当练习，比赛的时候不拖后腿就可以了。一年之中的体育活动并非只有球类运动，所以不必过于在意。

为了让孩子开心一点儿，可以让孩子提前练习一下棒球接球之类的运动，星期日父母陪他练一小时左右就足够了。我自己也非常不擅长体育运动，所以十分理解您家孩子。我的父母跑得很快，体育也很好，而我在学校运动会的赛跑中总是跑在最后，所以他们经常说看我跑步像是在看慢镜头。我十分讨厌运动会，我觉得父母自己跑得快，就不能理解跑步慢的我的心情，直到今天想起这件事，我依然会恼火地希望他们当时能对我说"加油跑，不要摔倒"。通过努力虽然可以让运动神经发达一点儿，但不可能取得惊人的进步。即使我跑步慢，但跳木马[①]和排球还马马虎虎，不会给别人添麻烦，所以这两样我到现在想起来依然比较喜欢。

请告诉孩子，长大以后，对球类运动不擅长的人都不用再打球了，所以不必太苦恼。

[①] 跳木马是日本小学体育课必修的运动。——编者注

7 孩子不想吃早饭，有没有必要逼着他吃？

> 早饭对孩子很重要，请你想想他为什么不吃。

如果父母硬逼着孩子吃，可能会引起他的反感，所以最好不要这样做。可是早饭对孩子很重要，所以请想想他为什么不吃。是不是他夜里很晚的时候吃过什么了？或者他洗完澡喝了太多的果汁或牛奶？

要想让孩子吃早饭，就要注意控制孩子的睡前饮食，这样他早上就是空腹的状态，哪怕晚上洗完澡让孩子喝点儿水，也能让他感受到空腹感。我听说有的孩子居然只有在吃药的时候才肯喝水，这让我很惊讶。孩子喜欢甜食，所以会喜欢喝果汁，但是父母要尽量给孩子多创造喝水的

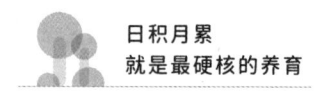

机会，这样才更健康。

早上很多大人也会没有食欲，所以不要直接将米饭盛到碗里，给孩子做成几个一口一个的小饭团，或者把面包切成一口就能吃掉的小块，这样会比较好。如果一口就能吃下去，孩子慢慢也就愿意吃早饭了，请试试看吧。父母也可以考虑一下奶酪、切成小块的水果、蛋糕之类的花式早餐，这样你跟孩子从早上开始就会开开心心的。

第 4 章
如何巧妙引导，让孩子学会自我管理

8 孩子不喜欢读书，只想看漫画书和动画片怎么办？

> 父母首先需要了解的是，孩子们不是从漫画书和动画片，而是从书本与习题中获得阅读理解能力的。

漫画书和动画片里只有对话和说明性短句，并不是完整的文章，所以不能培养阅读理解能力，而且漫画书和动画片也不能像书本那样通过文字表达复杂的内容，孩子的心理年龄也不会因此得到提升。心理年龄得不到提升，就解答不了语文上的问题，考试也拿不到高分，孩子之后难免会为此唉声叹气。况且越到高年级，语文课上的文章就越复杂，篇幅也变得越长，孩子读起来会越来越不好理解。日本的漫画水平很高，内容也相当不错，但依然是以绘画

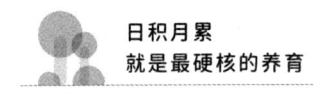

为主，可以说是介于绘本和书之间。

阅读理解能力指的是只通过读文章就能在脑子里把文字进行影像化处理的能力，带有图画的文章只能培养孩子不完全的阅读理解能力。比起单纯的文章，带图画的读物读起来更轻松，所以孩子才会只读漫画书和看动画片。漫画书和动画片上的对话都是很短的句子，不能提高孩子的阅读理解能力。父母不要让孩子先从漫画书和动画片入手，哪怕稍微麻烦一点儿，也应该先让孩子通过纯文字书等读物培养阅读理解能力。**能读书的孩子同样可以看漫画书和动画片，但是只看漫画书和动画片的孩子读书就会很费劲。**

家长应该把家里孩子读了很多遍的漫画书放到他看不见的地方，因为如果孩子眼前有纯文字书和漫画书，孩子必然会先把手伸向漫画书。人都会"避难就易"，童年时期是一个人成长起来的关键时期，所以要先给孩子难一点儿的事去做。

第 4 章
如何巧妙引导，让孩子学会自我管理

9 给孩子单独的房间之后，他一直宅在里面怎么办？

> 孩子需要一间单独睡觉的房间，但要和孩子说好，除了休息之外，他不能关上门一个人待在房间里，这样才能保证孩子正常地学习。

孩子单独的房间是父母监督不到的，他可以在里面为所欲为，无论做什么都不会被发现。对孩子而言，这就是所谓"安乐窝"吧。但孩子在每个年龄段都需要学习不同的知识，这些知识并不容易掌握，必须花费相当多的时间反复进行大量的训练。我希望父母能够明白，让孩子一个人待在房间里认认真真地完成这么艰巨的任务是不可能的。尤其是现在的孩子上网很方便，动不动就拿着手机长时间

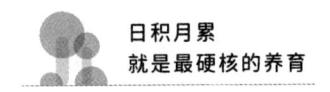

地沉湎其中。孩子一旦玩手机，自然就不愿选择令人痛苦的学习了，这样孩子就不可能掌握学习能力了。

　　孩子进入自己的房间关上门，父母突然打开门必然会让他焦躁不安，所以父母会小心翼翼地轻轻敲门，看着孩子的脸色。在这种家庭中，孩子当真能"快乐学习、快乐玩耍"吗？孩子升入初高中以后会更愿意待在自己的房间里不出来，跟父母几乎没有交流。这样下去，父母可能连和孩子商量一下报考学校都做不到了，孩子慢慢也就越来越向"落榜"靠近了。升学考试应该是一家人齐心协力去努力应对的事情，需要有良好的家庭关系作为支撑，所以孩子一旦形成把自己关在房间里的状态，父母想督促他学习就比较麻烦了。

第 4 章
如何巧妙引导，让孩子学会自我管理

10 让孩子每天看多长时间的电视合适呢？

> 父母的关注点不应该是"每天让孩子看多长时间的电视"，而应该换个角度，在孩子想看的电视节目上想办法。

孩子完全不看电视基本上也不会有什么问题，因为从报纸和网络上就可以大致了解社会上发生的事。孩子在网上看新闻时往往只看自己感兴趣的内容，所以我更推荐他读报纸，因为报纸能大面积地铺开，孩子可以在大标题的吸引下情不自禁地往下阅读。

高考越来越需要孩子具备较高的阅读理解能力，而每天花 15 分钟左右读短篇报道可以有效地增强阅读理解能力。一天 15 分钟看似很短，但四天就能读一小时，不知不

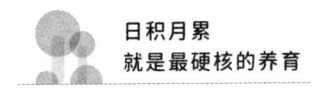

觉中孩子就阅读了大量的文章。

　　回到电视的话题上，父母不应该问"每天让孩子看多长时间的电视"，而应该从孩子想看的电视节目这个角度进行思考。星期一至星期五孩子应该没有那么多时间看电视，自然就要注意星期六和星期日不能让他看太多的电视节目。打开电视很简单，关上却需要很大的勇气。而任它一直开着，家里就会一直有电视的声音，这样孩子就很难产生学习的动力了，所以要避免出现一直开着电视的情况，这种被动的视听除了浪费时间之外一无是处。另外对孩子所看的电视节目也应该严加筛选。

第 4 章
如何巧妙引导，让孩子学会自我管理

11 平时是不是应该让孩子看电视新闻？那让他看动画片也可以吗？

> 可怕的是孩子会没完没了地看电视，所以还是要制定规则。

电视新闻有助于了解自己生活的时代状况，所以可以让孩子看。要想正确把握未来，就需要让孩子提前了解过去与当下，而且在如今的入学考试中，中考和高考的各个科目都会以时事来命题，所以我认为提前了解前沿新闻是好事。

至于动画片，孩子长大后会怀念孩提时代流行过的动画片，这对长大后的他来说可能是一种心灵抚慰。孩子发脾气的时候，父母应该很想让他看动画片吧。无论看新闻还是看动画片对孩子都有很多好处，我也很想推荐，但是

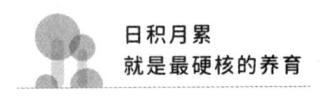

这两者也都存在缺点。最大的缺点就是这两者都要在电视上看，而这会导致孩子看电视的时间太长。很多时候，孩子正看着新闻或动画片时无法马上关掉电视，这样恐怕电视就会一直开着，孩子看完新闻或动画片就会想再接着看其他节目，这样一直看下去可能连作业都写不完。看新闻有助于孩子了解时事，看动画片有益于孩子娱乐放松和拥有美好的回忆，但是控制看电视的时间是个难题。既然父母不想朝孩子发火说"你到底要看到什么时候"，那是不是应该精挑细选出一个新闻节目和一两个动画片呢？

第 4 章
如何巧妙引导，让孩子学会自我管理

12 4 岁的孩子一刻也坐不住，该如何帮他纠正呢？

> 孩子 4 岁本就是坐不住的年龄，父母如果放心不下，可以找医生诊断一下。

孩子 4 岁基本上就是坐不住的年龄，问题在于坐不住的程度。以下是孩子明显坐不住的 6 种情况：

- 情况 1：一发现什么就马上跑出去。
- 情况 2：不能坐在椅子上乖乖地看图片。
- 情况 3：不听父母的话。
- 情况 4：在幼儿园和托儿所里经常被老师说"坐不住"。
- 情况 5：不能长时间玩一件玩具。

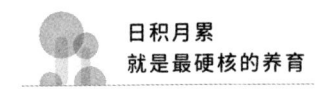

- 情况6：听别人读绘本时无法坚持听完。

孩子坐不住还有很多其他的表现，不过最令人担心的大概就是以上这些了。

情况1只是孩子在按照自己的兴趣行动，父母不必在意，只需一边喊"等一下、等一下"，一边以最快的速度追孩子就好了。其实孩子逃走的小模样也蛮可爱的，或许他刚才还在往东跑，一转眼就会滴溜溜地调转方向往西跑。但孩子如果突然往马路上跑就会很危险，而且下坡的时候跑起来会容易脸朝下摔跟头，所以父母一定要特别注意。孩子下坡时可以快速地向前迈动双腿，因为能跑得比平常的速度快，孩子会很开心地以超乎自己想象的速度向下跑，这样可能会摔成重伤。我家孩子在下坡时也会兴奋得大喊大叫往下冲，我会一边大声喊"下坡不要跑"，一边在后面追赶。真不明白小孩子为什么在下坡时会开心地边跑边大喊大叫。

如果是情况2，可以让孩子从每次安静地看5分钟做起，帮他养成习惯。

情况3很正常。

第 4 章
如何巧妙引导，让孩子学会自我管理

如果是情况 4，父母不必在意，经常向老师低头道歉，说"抱歉总是给您添麻烦"就好了。

情况 5 也很正常，再过两年，孩子就对玩具不感兴趣了。

对于情况 6，如果绘本很有趣，孩子就会听到最后，所以请找孩子喜欢的绘本给他读。

如果孩子伴随"坐不住"的还有"喊名字不回头""很少说话"之类的让父母担心的问题时，孩子可能存在学习障碍，请带孩子找医生或专家诊断一下，寻求专业的指导。

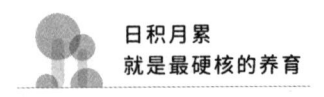

13 父母需要教给孩子的"修养"是什么呢?

> 有些"修养"只有父母能够教给孩子,比如餐桌礼仪。

所谓最重要的"修养",就是只有父母能够教给孩子的"修养"。孩子长大之后就会离开家到外面的世界去生活,所以他必须具有良好的教养,以免引人侧目。

父母如不能教给孩子必要的修养,别人虽然会感到不悦,却并不会提醒孩子,这样孩子可能一生都难以察觉。以后就算有人鼓起勇气提醒他,但与父母提醒时不同,他的羞耻感会在第一时间油然而生。而且如果孩子因为性质恶劣的事情被人提醒,心里可能还会想:"为什么要单挑那样的事来说?"可能还会因为在人前出了洋相而对提醒的

第 4 章
如何巧妙引导，让孩子学会自我管理

人介怀。提醒他的人明明是为他着想才说的，却反而得罪了他，提醒的事也不容易被他接受。

父母应该提前教给孩子的修养具体如下：

1. 餐桌礼仪：吃饭时不要发出声音，坐姿端正，正确使用筷子。
2. 开关门的时候动作要轻，不要弄出声音。
3. 铅笔的握法。
4. 对上级、长辈的说话方式。
5. 尊称的使用。

以上这些需要父母耐心地教给孩子。孩子不可能一下子记住，养成习惯也需要时间，但是等到孩子长大之后再教给他，就很难矫正了，所以父母尽量要从孩子小的时候抓起。比如，怎样用筷子必须在吃饭的过程中进行纠正，所以自然也就需要父母在吃饭过程中正颜厉色。难得吃顿饭，说教孩子会令人扫兴，所以父母有时会犹豫不决，但是请记住，这些事情只有父母能够管教孩子。

我想起自己小的时候曾经因为吃饭时发出声音被爸爸

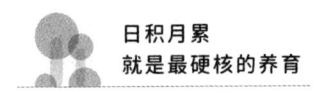

提醒过。当时我爸爸对我说"在爸爸还能提醒你的时候，赶快改过来"，我记得自己在这样的压力下很快就纠正过来了。父母在孩子的"修养"方面责任重大，修养好的人走上社会更容易建立良好的人际关系。

第 4 章
如何巧妙引导，让孩子学会自我管理

14 孩子达成一个学习目标时，该给他奖励吗？奖励什么呢？

> 孩子学习是天经地义的事情，没必要给予特别的奖励。

在孩子们上幼儿园之前练习临摹的时候，他们每写好 1 张，我就奖励他们 1 颗巧克力。另外，我还在孩子们学习个位数加法时给过巧克力，因为看他们学得非常辛苦，而且如果不连续练习他们转眼就会忘记，但这段时间不算太长。大理石巧克力的大小对孩子们来说正合适，而且色彩鲜艳可爱，所以他们很喜欢。我记得孩子们临摹时，写完 1 页我就在他们面前放 1 颗巧克力，写完 2 页放 2 颗。我只在那段时期考虑过给他们奖励。

为了在学业考试中给孩子加油而给他预设奖励，比如

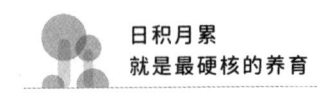

对他说"你如果能考进年级前50名,就给你买礼物",这样真的好吗?孩子学习是天经地义的事情,并不需要给予特别的嘉奖。如果父母跟在孩子屁股后面督促说"有奖励哟,你要好好考",那就意味着"尽管为了考试去学习很讨厌,但如果你能忍受下来,我就奖励你",这样就会在孩子的大脑里形成"学习等于讨厌的事情,我必须忍耐"的思维模式。学习是能够获得求知喜悦的行为,本来就是快乐的。如果把学习的意义置换成现实的奖励,孩子就会对奖品的要求越来越高、越来越贵,这样亲子关系自然就会变味。"我希望你下次能进步10名,想想还需要在哪个科目上拿到多少分才行呢?"在学业考试时,如果父母能用数字跟孩子讨论一下具体目标,会收到意外的效果。这样一来,孩子在考试中遇到不会的题目时就会想:"虽然不会,但还是坚持动动脑筋,争取再拿10分吧。"这种小小的坚持会一点一点地提高孩子的实力。不要将奖励当成"胡萝卜",偶尔送一个小小的奖励对孩子表达一下"你辛苦了"的心情是不是会更好一点呢?

15 老大升学考试在即,小的却很吵闹,父母该怎样做?

让孩子们的学习时间同步。

家里一旦出现吵闹,老大就没办法学习了。这可不是嬉戏打闹的时候,因为应考生学不了习就可能落榜。出现这种情况说明父母没能创造好的学习环境。如果在同一间屋子里,老大在学习,小的却在玩耍,家中就同时有了"学习"和"玩耍"两种氛围,这样一来人就会趋向轻松的氛围,老大自然也就失去斗志,无法好好学习了。要想解决这个问题,最重要的就是要将家里统一成学习的氛围,让其他孩子的学习时间与老大同步,大喊一声"预备——开始!",然后让他们一起进入学习状态。

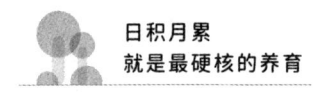

他们学习结束的时间可能各有不同，最好谁先结束学习谁就转移到另外的房间里去。有老二或老三的话，应该告诉他们不要捣乱，因为他们将来也要参加升学考试，到时候一样需要家里人协助配合。

营造家中的氛围是父母的责任，同时父母也必须讲清楚升学考试的重要性。升学考试成功的关键因素在于学习环境和学习习惯，请努力在这两方面做到最好。小的吵闹打扰到老大学习的话，就要给小的规定每天的学习任务，让小的也养成学习习惯，这样就两全其美了。

第 4 章
如何巧妙引导，让孩子学会自我管理

16 怎样才能培养出体贴善良的孩子？

> 父母应该言传身教，孩子自然就能学会体贴和善良了。

如果父母是体贴善良的人，孩子也会成长为这样的人。其实用语言无法解释什么才是体贴与善良，但如果父母能言传身教，孩子见到后就会从父母的态度、举止和言辞之间学会什么是体贴，什么是善良。

如果孩子既不体贴又不善良，那么父母需要反省一下。

涵养人精神的往往是微不足道的小事。比如，为在车站迷路的人耐心指路；看到有人拿着沉重的行李上楼梯时，主动说"我来帮你吧"；看到同事在工作中情绪低落，便不去搭话；对别人微不足道的帮助也要说句"谢谢"；朋

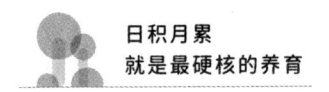

友有事找自己商量时，即便很忙也耐心倾听……孩子能够向父母学习的场景就包含在这些事情之中。

有时不抱着更进一步帮助他人的想法，而是退后一步默默地守护，做到这一点其实是相当高难度的体贴和善良。记住，不要把自己的情绪强加于他人，不要陷入自我满足之中，要经常把对方的感受放在第一位去思考。

不刻意为之，能够将对他人的体贴和善良化于无形，才是真正的体贴和善良。

第 4 章
如何巧妙引导，让孩子学会自我管理

17 当孩子对父母的话完全听不进去时怎么办？

> 先暂时听之任之，过后心平气和地解决问题。

基本上可以"先暂时听之任之，什么话都不要说"。父母干预得越多，孩子就越不听话，但是如果父母不理不睬，孩子就会感到奇怪。如果父母继续适当地保持沉默，孩子便会担心起来："咦？爸爸妈妈怎么一言不发了？"

孩子上了小学后，出现这种情况多半是因为孩子成绩不好。假如孩子成绩已经很差了，却依然沉迷于电子游戏、短视频和漫画，一点儿都不肯学习，父母看到这种情况，就会提醒孩子学习。而且父母会觉得这样的提醒理所当然，所以就会语气焦灼地批评孩子。这种情况司空见惯，只不过无论

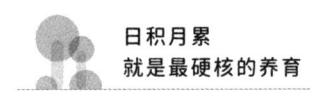

父母如何严厉地批评孩子，他的成绩也不可能一下子得到提高。父母还是要先从与孩子商量着手，大致要这样做：

1. 首先停止责备孩子。
2. 思考怎样做才能提高孩子的成绩。
3. 孩子究竟是哪个科目的哪部分内容没学明白。
4. 学不明白的原因是什么。
5. 怎样做才能让孩子学会？
6. 距离下次考试还有几天？考试范围是什么？
7. 制订计划时间表，解决考试范围内孩子不懂的问题。

当父母和孩子都情绪化的时候，最好的办法是思考具体对策，积极解决问题。其实孩子也觉得这样下去会很尴尬，所以只要父母能心平气和地对他说话，他就会顺从父母。

如果是6岁以下还没上小学的孩子不听话，很多时候没有什么特别的原因，父母只需要温柔地陪伴孩子，等他情绪平复之后拿些点心，孩子吃着点心自然也就跟父母和好了。

18 妈妈的工作很忙，不能经常陪伴孩子，这样会出什么问题吗？

> 妈妈不必为此感到内疚，请心安理得地安排生活和工作。

在妈妈需要工作的情况下，花在孩子身上的时间自然就会减少。

即使妈妈不是在公司里上班，是经营店铺的，也是一样没有时间。哪怕是全职主妇，也会遇到照料父母、体力不足、参与学校活动、孩子多、应对老大的入学考试等情况，妈妈们的时间其实都不充裕。所以不必因为自己没时间陪孩子，就对孩子感到内疚。妈妈也是为了保障家庭的生活而工作，所以请心安理得地安排生活和工作。

不过，无论哪种情况，孩子都很爱妈妈，所以能和孩

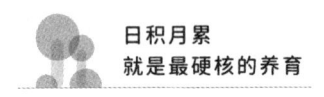

子在一起的时候请尽量陪在孩子身边。可能的话，每天下班后，妈妈最好能坐在孩子旁边陪他做半小时的作业。每天坚持这样做，偶尔妈妈很忙，不能正常时间回家时，孩子也能完成作业，因为孩子已经养成了习惯。

妈妈们可能会因为工作太忙而放弃一些自己想做的事情，但还是要高高兴兴地去做好自己能做的事。"高高兴兴"是一个自带魔法的词，只需稍微转换思维方式就可以让自己充满动力。

后记

"父母的笑脸"
永远比电子产品更吸引孩子

2020年春,学校停课放假,孩子从早到晚都要待在家里。父母也开始远程办公,要和孩子在家里共同度过一天的大部分时光。当生活发生了这些变化,越来越多的父母不知该如何应对孩子的日常学习。之前,孩子的学习都是交给学校,在家里只需完成作业就可以了,由学校承担的那部分学习任务一下子压到了家里。因为孩子不去上学,改为居家学习,许多父母也破天荒地研究起孩子的课本来。

其实居家学习在正常上学的时候也很重要,只是许多

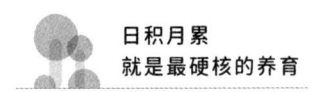

父母并未认真思考过，如何在日常生活中日积月累地培养孩子的学习能力。在这次疫情中，我也再次认识到基础学习能力是最重要的。在疫情之前，父母们无法聚焦于这一问题，所以并没有将它的重要性太当回事儿。基础学习能力在居家学习中是可以得到锻炼的，父母显然应该投入精力认真对待这一问题。

随着居家学习重要性的凸显，如何营造家庭环境也开始受到关注。当今这个时代，电子产品的发展速度惊人，可以说对孩子有着无穷的吸引力，不少孩子本该为了自己的未来努力学习，却将宝贵的时间浪费在电子游戏与短视频上，导致学业日益荒废。孩子基础学习能力中的计算与语文能力，必须配合反复的练习，不断进行积累。小学阶段学习是初高中阶段学习的基础，对孩子来说尤为重要。

电子产品可以说是一把双刃剑。孩子一旦对电子产品上瘾是很可怕的，但我们的生活已经离不开电子产品。父母希望可以把握好孩子使用电子产品的尺度，但真正实行起来却无比困难。

为了对一切尚无免疫力的孩子能茁壮成长，为了让孩子有能力独立走完自己选择的道路，父母需要具备足够的

后 记
"父母的笑脸"永远比电子产品更吸引孩子

洞察力和判断力。

"父母应该多向孩子展现笑容"是不变的养育真谛，我希望帮助父母想方设法将有限的育儿时间过得快乐且有意义。我衷心希望本书能给正在辛苦养育孩子的父母们带来一些启发。

最后，衷心感谢《文艺春秋》编辑部的山下觉先生建议我写本书；感谢写实文学出版部的目崎敬三先生，在本书完稿过程中的热心帮助，以及为本书完美付梓而付出的努力。

未来，属于终身学习者

我们正在亲历前所未有的变革——互联网改变了信息传递的方式，指数级技术快速发展并颠覆商业世界，人工智能正在侵占越来越多的人类领地。

面对这些变化，我们需要问自己：未来需要什么样的人才？

答案是，成为终身学习者。终身学习意味着具备全面的知识结构、强大的逻辑思考能力和敏锐的感知力。这是一套能够在不断变化中随时重建、更新认知体系的能力。阅读，无疑是帮助我们整合这些能力的最佳途径。

在充满不确定性的时代，答案并不总是简单地出现在书本之中。"读万卷书"不仅要亲自阅读、广泛阅读，也需要我们深入探索好书的内部世界，让知识不再局限于书本之中。

湛庐阅读 App: 与最聪明的人共同进化

我们现在推出全新的湛庐阅读 App，它将成为您在书本之外，践行终身学习的场所。

- 不用考虑"读什么"。这里汇集了湛庐所有纸质书、电子书、有声书和各种阅读服务。
- 可以学习"怎么读"。我们提供包括课程、精读班和讲书在内的全方位阅读解决方案。
- 谁来领读？您能最先了解到作者、译者、专家等大咖的前沿洞见，他们是高质量思想的源泉。
- 与谁共读？您将加入到优秀的读者和终身学习者的行列，他们对阅读和学习具有持久的热情和源源不断的动力。

在湛庐阅读 App 首页，编辑为您精选了经典书目和优质音视频内容，每天早、中、晚更新，满足您不间断的阅读需求。

【特别专题】【主题书单】【人物特写】等原创专栏，提供专业、深度的解读和选书参考，回应社会议题，是您了解湛庐近千位重要作者思想的独家渠道。

在每本图书的详情页，您将通过深度导读栏目【专家视点】【深度访谈】和【书评】读懂、读透一本好书。

通过这个不设限的学习平台，您在任何时间、任何地点都能获得有价值的思想，并通过阅读实现终身学习。我们邀您共建一个与最聪明的人共同进化的社区，使其成为先进思想交汇的聚集地，这正是我们的使命和价值所在。

CHEERS

湛庐阅读 App
使用指南

读什么
- 纸质书
- 电子书
- 有声书

怎么读
- 课程
- 精读班
- 讲书
- 测一测
- 参考文献
- 图片资料

与谁共读
- 主题书单
- 特别专题
- 人物特写
- 日更专栏
- 编辑推荐

谁来领读
- 专家视点
- 深度访谈
- 书评
- 精彩视频

HERE COMES EVERYBODY

下载湛庐阅读 App
一站获取阅读服务

BENKYO-SURU KO NINARU 100 NO SHUKAN by SATO Ryoko
Copyright © 2021 SATO Ryoko
All rights reserved.
Original Japanese edition published by Bungeishunju Ltd., Japan, in 2021.
Chinese (in simplified character only) translation rights in PRC reserved by BEIJING CHEERS BOOKS LTD., under the license granted by SATO Ryoko, Japan arranged with Bungeishunju Ltd., Japan through BARDON CHINESE CREATIVE AGENCY LIMITED, Hong Kong.

本书中文简体字版经授权在中华人民共和国境内独家出版发行。未经出版者书面许可，不得以任何方式抄袭、复制或节录本书中的任何部分。

著作权合同登记号：图字：01-2023-1938 号

版权所有，侵权必究
本书法律顾问　北京市盈科律师事务所　崔爽律师

图书在版编目（CIP）数据

日积月累就是最硬核的养育 /（日）佐藤亮子著；蔡鸣雁译. --北京：中国纺织出版社有限公司，2023.7
ISBN 978-7-5229-0662-1

Ⅰ. ①日… Ⅱ. ①佐… ②蔡… Ⅲ. ①学习能力-能力培养-家庭教育　Ⅳ. ①G442 ②G78

中国国家版本馆CIP数据核字（2023）第102940号

责任编辑：刘桐妍　　责任校对：高　涵　　责任印制：储志伟

中国纺织出版社有限公司出版发行
地址：北京市朝阳区百子湾东里 A407 号楼　邮政编码：100124
销售电话：010—67004422　传真：010—87155801
http://www.c-textilep.com
中国纺织出版社天猫旗舰店
官方微博 http://weibo.com/2119887771
石家庄继文印刷有限公司印刷　各地新华书店经销
2023年7月第1版第1次印刷
开本：880×1230　1/32　印张：6.375
字数：100千字　定价：69.90元

凡购本书，如有缺页、倒页、脱页，由本社图书营销中心调换